T. 1832. R

©

6742

8224

PHILOSOPHIE NATVRELLE

DE TROIS ANCIENS PHILOSOPHES

RENOMMEZ

ARTEPHIUS, FLAMEL, & SYNESIUS, Traitant de l'Art occulte, & de la Transmutation metallique.

DERNIERE EDITION.

Augmentée d'un petit Traité du Mercure, & de la Pierre des Philosophes de G. Ripleus, nouvellement traduit en François.

A PARIS,

Chez LAURENT D'HOURY, sur le Quay des Augustins, à l'Image Saint Jean.

M. DC. LXXXII.

AVEC PRIVILEGE DV ROY.

Extraict du Priuilege du Roy.

PAR lettres Patentes du Roy données à Paris le 12. iour de Mars mil six cens douze, signées par le Roy en son Conseil Ceberet, & scellées du grand Sceau en cire iaune: Il est permis & accordé par priuilege special à PIERRE AR-NAVLD sieur de la Cheuallerie en Poictou, de faire Imprimer par qui bon luy semblera, *Trois Traistez, non encor imprimez, sçauoir: Le secret Liure du tres-ancien Philosophe Artephius traittant de l'art occulte & transmutation Metallique Latin Francois: plus les Figures Hierogliphiques de Nicolas FLAMEL, auec l'explication d'icelles par ledit FLAMEL; Ensemble, le vray Liure du docte Synesius Abbé Grec:* Et iceux vendre, distribuer & debiter en tous les lieux & endroits de ce Royaume pendant le temps de dix ans, à commencer du iour de ces presentes, auec inhibitions & deffenses à tous Libraires, Imprimeurs & autres se meslans de l'Imprimerie en ce Royaume, de ne les imprimer en langue Latine, Françoise ou autre n'iceux exposer en vente directement ou indirectement pendant ledit temps, sans la permission ou consentement dudit Arnauld, à peine de confiscation desdits Liures, de deux mil liures d'amende, & de tous despens, dommages, & interests; Veut en outre sa Majesté, qu'en mettant par bref le contenu dudit priuilege au commencement ou en la fin desdits Traittez, il soit tenu pour deuement signifié, & venu à la connoissance de tous.

Par le Roy en son Conseil.

Signé,   CEBERET.

Et scellée du grand Sceau en cire iaune.

A ij

PREFACE AV LECTEVR.

NOstre Artephivs [Lecteur beneuole] feul entre
tous les autres Philofophes n'eft point enuieux, ainfi
que luy-mefme le dit cy apres en plufieurs lieux , c'eft la
raifon pour laquelle il explique en ce traité tout l'art en paroles tres-claires, interpretant tant qu'il peut les ambages &
fophifmes des autres. Toutefois afin que les impies, ignorans, & mefchans ne peuffent aifémét trouuer le moyen de
nuire aux bons apprenant cette fcience, il a vn peu voilé le
principal de l'art, par vne artificieufe methode , faifant cóme s'il repetoit plufieurs fois vne chofe, car dans icelles re-
petitions il change toufiours quelques mots femblant fouuent dire le contraire de ce qu'il a dit auparauant , voulant
laiffer au iugement du lecteur le bon chemin, aufi bien que
le mauuais, afin que fi quelqu'vn trouue ce qu'il defire, il ré-
de graces à Dieu, fi au côtraire il connoît ne trauailler point,
deuëmét qu'il relife ces efcrits. Ainfi fait le docte Iean Pontanus [qui dit en fon Epiftre imprimée au Theatre Chimi-
que] Ils errent [dit-il parlant de tous ceux qui trauaillent
en cette œuure] ils ont erré, & erreront toufiours, parce que
les Philofophes n'ont iamais mis en leurs fiures le propre
agent, excepté vn feul qui eft appellé Artephius, mais il parle pour foy, & fi ie n'euffe leu Artephius, & conneu dequoy
il parloit, iamais ié n'euffe parfait l'œuure. Donc lis ce liure,
voire relis-le, iufques'à tant que tu l'ayes conneu parler , &
que tu puiffes obtenir la fin defirée. Il feroit fuperflu de parler dauátage de noftre authçur, il fuffit qu'il a vefcu l'efpace
de mil ans , par la grace de Dieu & l'vfage [cóme il dit] de
cette quinteffence. Cela mefme eft tefmoigné par Roger
Baccon en fon liure des œuures admirables de la Nature; Et
encore par le tres-docte Theóphrafte Paracelfe en fon liure
de la vie longue. Lequel temps de mil années aucuñ autre
Philofophe, non pas mefme le Pére Hermes, n'a iamais peu
atteindre. Regarde donc, fi [peut eftre,] ceftui-cy n'a point
mieux entendu la façon de l'vfage de cette pierre , que les
autres. Toutefois tout tel qu'il eft, vfe-en, & de nos labeurs à
la gloire de Dieu & vtilité du Royaume de France. A Dieu.

PRÆFATIO AD LECTOREM.

Rtephius noster [beneuole Lector] solus inter Philosophos inuidia caret, vt infra de se pluribus in locis asserit, & ideo apertissimis verbis artem omnem explicat, ac ambages & sophismata sapientum quantum ipse potest soluit ac dirimit. Verum ne etiam impijs, ignaris, & malis modum nocendi præstaret, sub artificiosa methedo, modo asserens, modo negans, in repetitionibus suis veritatem velauit, relinquens iudicio lectoris viam virtutis, veritatis, & veri laboris, quam si quis capere possit, gratias immortales soli reddat Deo, si vero videat se in vero tramite non ambulare, authorem relegat, quousque eius mentem penitus attingere possis. Sic fecit doctissimus Ioannes Pontanus qui dicit in Epistola in Theatro Chimico impressa. Errant (loquitur de laborantibus in arte) errauerunt ac errabunt, eò quod proprium agens non posuerunt Philosophi, excepto vno qui ARTE-PHIVS nominatur, sed pro se loquitur, & nisi AR-TEPHIVM legissem, & loqui sensissem, numquam ad operis complementum peruenissem. Ergo hunc lege, & relege, quousque loqui sentias, finemque optatum obtinere possis. Non est quod multa faciam de authore nostro, sufficiat illum vixisse per mille annos, gratia (inquit) Dei & vsu huius mirabilis quintæ essentiæ: vt etiam testatur Rogeribus Baccon in libro de mirabilibus naturæ operibus; Et etiam doctissimus, Theophrastus Paracelsus in libro de vita longa, quod tempus mille annorum cæteri Philosophi, neque etiam pater ipse Hermes, potuerunt attingere. Vide ne ergo forsan hic author, virtutes nostri lapidis melius cæteris noscat. Tu tamen vt vt est, fruere illo, laboribusque nostris ad Dei gloriam & Regni Galliarum vtilitatem. Vale.

A iij

LE LIVRE SECRET DV TRES-
ancien Philosophe ARTEPHIVS traitant de l'Art occulte & de la pierre Philosophale.

L'Antimoine eſt des parties de Saturne, ayant en toutes façons ſa nature, auſſi cet Antimoine Saturnin cónuient au Soleil, ayant en ſoy l'argent vif dans lequel aucun metal ne ſe ſubmerge que l'or : c'eſt à dire tant ſeulement vrayement le Soleil ſe ſubmerge en l'argent vif Antimonial Saturnin, ſans lequel argent vif aucun metal ne ſe peut blanchir. Il blanchit donc le leton, c'eſt à dire l'or & reduit le corps parfaict en ſa premiete matiere, c'eſt à dire en ſoufre & argent vif de couleur blanche, & plus qu'vn miroir reſplendiſſante. Il diſſout (diſ-ie) le corps parfaict qui eſt de ſa nature : Car cette eau eſt amiable & aux metaux placable, blanchiſſant le Soleil, parce qu'elle contient vn argent vif blanc. Et de cecy tu dois tirer vn tres-grand ſecret, c'eſt à ſçauoir que l'eau Antimoniale Saturnine doit eſtre Mercuriale & blanche, à fin qu'elle blanchiſſe l'or, ne bruſlant point, mais ſeulement diſſoluant, & puis apres ſe congelant en forme de cremeur blanche. Voila pourquoy le Philoſophe dit, que cette eau faict le corps eſtre volatil, parce qu'apres qu'il a'eſté diſſoult & rafroidy il monte en haut en la ſuperficie de l'eau. Prens (dit-il) de l'or crud folié, ou laminé, ou calciné par Mercure, mets iceluy dans noſtre vinaigre Antimonial Saturnin, Mercurial, & tiré du ſel armoniac, (comme on dit) mets le dans vn vaiſſeau de verre large & haut de quatre doits ou plus, & laiſſe le là en chaleur temperée, & tu verras en peu de temps s'eſleuer comme vne liqueur d'huile ſurnageante au deſſus en forme de pellicule, recueille-là auec vn cuillier, ou en mouillant vne plume, & ainſi par tour par pluſieurs fois collige-là, iuſques à ce que rien plus ne monte, puis fay euaporer au feu l'eau, c'eſt à dire la ſuperfluë humidité du vinaigre, & te reſtera vne quinte eſſence d'or en forme d'huile blanc, incombuſtible, dans lequel huile les Philoſophes ont mis leurs plus grands ſecrets, & c'eſt huile eſt d'vne tres-grande douceur, ayant dé grandes vertus pour appaiſer la douleur des playes.

Tout le ſecret donc de ce ſecret Antimonial, eſt que par ce deſſus

ARTEPHII ANTIQVISSIMI PHILOSOPHI
de arte occulta, atque lapide philofophorum
Liber fecretus.

Ntimonium eft de partibus Saturni, & in omnibus modis
habet naturam eius, & antimonium Saturninum conuenit Soli, & in eo eft argentum viuum in quo non fubmergitur aliquod metallum nifi aurum, id eft Sol fubmergitur
verè tantum in argento viuo Antimoni ali Saturniali, & fine illo argento viuo aliquod metallum de albari non poteft. Dealbat ergo latonê,
id eft aurum, & reducit corpus perfectum in fuam primam materiam,
id eft in fulphur & argentuus viuum albi coloris, & plufquàm fpecu-
lum fplendentis. Diffoluit [inquam] corpus perfectum quod eft de fua
natura. Nam illa aqua eft amicabilis & metallis placabilis dealbans
Solem, quia continet argentum viuum album. Et ex hoc vtrique maximum elicias fecretum, videlicet quod aqua Antimonij Saturnini
debet effe Mercurialis & alba vt dealbet aurum, non vrens, fed dif-
foluens & poftea fe congelans in formam cremoris albi. Ideo dicit
Philofophus, quod aqua ifta facit corpus volatile, propterea quod
poftquam in hac aqua diffolutum fuerit & infrigidatum afcendit
fuperius in fuperficie aquæ. Recipe [inquit] aurum crudum foliatum,
vel laminatum, vel calcinatum per Mercurium & ipfum pone in
acto noftro Antimoniali Saturniali, Mercuriali & falis armonia-
ci [vt dicitur] in vafe vitreo lato & alto quatuor digitorû, vel plus,
& dimitte ibi in calore temperato, & videbis breui tempore eleuari
quafi liquorem olei defuper natantem in modum pelliculæ, collige illud
eum cocleari vel penna intingendo, & fic pluribus vicibus in die
collige, donec nihil amplius afcendat & ad ignem facies euaporare
aquam, id eft fuperfluam humiditatem aceti & remanebit tibi quinta effentia auri in modum olei albi incombuftibilis, in quo oleo Philo-
fophi pofuerunt maxima fecreta, & hoc oleum habet dulcedinem ma-
ximam, atque valet ad mitigandos dolores vulnerum.

Eft igitur totum fecretum iftius fecreti Antimonialis vt per hoc

nous sçachions extraire & tirer du corps de la Magnesie l'argent vif
non bruslant, (& cela est l'Antimoine, & le Sublimé Mercurial)
c'est à dire, il faut extraire vne eau viue, incombustible, puis la
congeler auec le parfait corps du Soleil qui le dissout dans icelle,
en nature & substance blanche congelée comme cresme, & faire venir tout cela blanc : Toutesfois, premierement le Soleil en la putrefaction & resolution qu'il fera en cette eau, en son commencement perdra sa lumiere, s'obscurcira, & noircira ; puis s'esleuera
sur l'eau, & sur icelle surnagera peu a peu vne couleur en substance
blanche, & cela s'appelle blanchir le leton rouge, le sublimer phi-
losophiquement, & reduire en sa premiere matiere, c'est à dire en
soulfre blanc incombustible, & en argent vif fixe : Et par ainsi l'humide terminé, c'est à dire, l'or, nostre corps, par la reiteration de la
liquefaction en cette eau nostre dissolutiue, se conuertira & reduira
en soulfre, & argent vif fixe, & en cette façon le parfait corps du
Soleil prendra vie en cette eau, dans icelle se viuifiera, s'inspirera,
croistra & multipliera en son espece comme les autres choses. Car
en cette eau, il se fait que le corps composé de deux corps, du Soleil & de la Lune, s'enfle, se pourrit comme le grain de bled, s'en-
grossit, s'esleue & croist, prenant substance & nature animée &
vegetable.

Aussi nostre eau, nostre vinaigre susdit, est le vinaigre des mon-
tagnes, c'est à dire du Soleil & de la Lune, voila pourquoy il se mes-
le auec le Soleil & la Lune leur adherant perpetuellement : voire le
corps prent d'icelle eau la teincture de blancheur, & auec icelle res-
plendit d'vne lueur inestimable. Qui sçaura donc conuertir le
corps en argent blanc, medicinal, il pourra puis apres facilement
conuertir par cét or blanc, tous metaux imparfaits en tres-bon argent fin. Cét or blanc s'appelle par les Philosophes, la Lune blanche des Philosophes, l'argent vif blanc fixe, l'or de l'alchimie, &
la fumée blanche. Donc sans cestuy nostre vinaigre Antimonial,
l'or blanc de l'alchimie ne se peut faire. Et parce qu'en nostre vinaigre y a double substance d'argent vif, l'vne de l'Antimoine, l'autre du Mercure sublimé, il a aussi double poids & substance d'argent vif fixe, & augmente en l'or sa naturelle couleur, poids, substance & teincture.

Donc nostre eau dissoluente porte vne grande teincture &
grande fusion, parce que quand elle sent le feu commun,
elle fait fondre l'or où l'argent s'il est dans icelle, & tout
aussi-tost le liquefie & conuertit en sa substance blanche comme elle est, adioustant au corps couleur, poids, & teincture.
Elle est aussi dissoluente de toute chose qui se peut liquifier, &

l'eau

sciamus extrahere argentum viu. de corpore magnesiæ non vrens,
& hoc est Antimonium , & sublimatum Mercuriale, id est, opportet
extrahere vnam aquam viuam, incombustibilem , dein illam conge-
lare cum corpore perfecto Solis, quod inibi dissoluitur in naturam &
substantiam albam congelatam ac si esset cremor, & totum deueniat
albū: sed prius Sol iste in sua putrefactione & resolutione in hac aqua,
in principio amittet lumen suum, obscurabitur & nigrescet ; demūm
eleuabit se super aquam ; & paulatim illi albus supernatabit color in
substantiam albam, & hoc est, dealbare latonem rubeum, eum sublimare philosophicè, & reducere in suam primam materiam, id est, in
sulphur album , incombustibile & in argentum viuum fixum : & sic
humidum terminatum, id est, aurum corpus nostrum, per reiterationem liquefactionis in aqua nostra dissolutiua, conuertitur & redu-
citur in sulphur & argentum viuum fixum, & sic corpus perfectum
Solis accipit vitam in tali aqua, viuificatur, inspiratur, crescit, &
multiplicatur in sua specie, sicut res cæteræ. Nam in ipsa aqua corpus
ex duobus corporibus Solis & Lunæ, fit, vt infletur, tumeat, ingros-
setur, eleuetur, & crescat accipiendo substantiam & naturam ani-
matam & vegetabilem.

Nostra etiam aqua, ceu acetum supradictum, est acetum montium,
id est, Solis & Lunæ, & ideo miscetur Soli & Lunæ, illisq; adhæret
in perpetuum, ac corpus ab illa accipit tincturam albedinis, & splendet
cum ea fulgore inæstimabili. Qui sciuerit igitur conuertere corpus in
argentum album medicinale, facile deinde poterit conuertere per
istud aurum album, omniaq; metella imperfecta in optimum argentum
finum. Et istud aurum album dicitur à Philosophis Luna alba philosophorum, argentum viuum album fixum, aurum Alchimiæ, & fumus albus. Ergo sine illo aceto nostro Antimoniali, aurum album
alchimiæ non fit. Et quia in aceto nostro est duplex substantia argenti
viui, vna ex Antimonio, altera ex Mercurio sublimato, & ideo dat
duplex pondus & substantiam argenti viui fixi, & etiam augmentat in eo suum natiuum colorem, pondus, substantiam, & tincturam.

Nostra igitur aqua dissolutiua portat magnam tincturam, ma-
gnamque fusionem, propterea quod quando sentit ignem communem,
si in ea est corpus perfectum Solis, vel Lunæ, subito illud fūdi facit &
liquefieri, & conuerti in suam substantiam albam, vt ipsa est, & ad-
dit colorem, pondus & tincturam corpori. Est etiam solutiua omniū

B

l'eau pesante, visqueuse, pretieuse, resolüant tous les corps cruds en leur premiere matiere, c'est à dire en terre & poudre visqueuse, c'est à dire en souphre & argent vif. Si donc tu mets en cette eau quelque metal que ce soit, limé ou attenué, & le laisse par certain temps en douce & lente chaleur, il se dissoudra tout, & se changera en eau visqueuse, & en huile blanc, ainsi qu'il est desia dit. Et ainsi elle mollifie le corps, & le prepare à la fusion & liquefaction, voire elle fait toutes choses estre fusibles, comme les pierres & les metaux, & puis elle leur donne esprit & vie. Donc elle dissout toutes choses par solution admirable, conuertissant le corps parfait en medecine fusible, fundante, penetrante, & plus fixe, augmentant le poids & couleur.

Trauaille donc auec icelle, & tu en auras ce que tu desires. Car elle est l'esprit & l'ame du Soleil & de la Lune, l'huile, l'eau dissoluante, la fontaine, le bain Marie, le feu contre nature, le feu humide, secret, occulte & inuisible, & le vinaigre tres-fort, duquel vn ancien Philosophe a dit : I'ay prié le Seigneur, & il m'a monstré vne eau nette, que i'ay connu estre vn pur vinaigre alterant, penetrant & digerant : Vinaigre, disie, penetratif, & instrument mouuant l'or, ou l'argent à la putrefaction, resolution, & reduction en leur premiere matiere. C'est l'vnique agent en ce monde pour cét Art, lequel peut seul resoudre & reincruder les corps metalliques auec la conseruation de leur espece. Il est donc le seul moyen, apte & naturel, par lequel nous deuons resoudre les corps du Soleil & de la Lune par admirable & solemnelle dissolution, en conseruant l'espece sans aucune destruction, mais seulement la changeant en forme & generation nouuelle, plus noble & meilleure ; c'est à sçauoir en la parfaite pierre des Philosophes qui est leur secret admirable.

Or cette eau est vne certaine moyenne substance claire comme l'argent pur, laquelle doit receuoir les teintures du Soleil & de la Lune, afin qu'elle se congele & se conuertisse auec eux en terre blanche & viue. Car cette eau a besoin des corps parfaits, afin qu'auec iceux apres la dissolution, elle se congele, fixe, & coagule en terre blanche : d'autant que leur solution est leur coagulation : parce qu'ils ont vne mesme operation, & l'vn ne se peut dissoudre, que l'autre ne se congele. Et n'y a autre eau, qui puisse dissoudre les corps, que celle-là seule qui demeure permanente auec iceux en matiere & forme. Voire le permanent ne peut estre, qu'il ne soit de la mesme nature de l'autre corps, afin qu'ils se fassent vn. Quand tu verras donc ton eau se coaguler elle-mesme auec les corps en icelle

liquabilium, et est aqua ponderosa, viscosa, pretiosa et honoranda, resoluens omnia corpora cruda in eorum primam materiam, hoc est in terram et puluerem viscosum, id est in sulphur et argentum viuum. Si ergo posueris in illa aqua quodcunque metallum, limatum vel attenuatum, et demittas per tempus in calore leni, dissoluetur totum, et vertetur in aquam viscosam, siue oleum album, vt dictum est. Et sic mollificat corpus, et praeparat ad fusionem et liquefactionem, imo facit omnia fusibilia, id est lapides et metalla, et postea illis dat spiritum et vitam. Dissoluit ergo omnia solutione mirabili, conuertens corpus perfectum in medicinam fusibilem, fundentem, penetrantem, et magis fixam, augens pondus et colorem.

Operare ergo cum ea, et consequeris quod desideras ab ea. Nam est spiritus et anima Solis et Lunae, oleum, et aqua dissolutiua, fons balneum Mariae, ignis contra naturam, ignis humidus, ignis secretus, occultus, et inuisibilis, atque acetum acerrimum, de quo quidam antiquus philosophus dicit, Rogaui Dominum, et ostendit mihi vnam aquam nitidam, quam cognoui esse purum acetum alterans, penetrans, et digerens Acetum [inquam] penetratiuum, et instrumentum mouens ad putrefaciendum, resoluendum, et reducendum aurum vel argentum in sui primam materiam, et est vnicum agens in toto mundo in hac arte quod videlicet potest resoluere et reincrudare corpora metallica sub conseruatione suae speciei. Est igitur solum medium aptum et naturale, per quod debemus resoluere corpora perfecta Solis et Lunae mirabili et solemni solutione sub conseruatione suae speciei, et absque vlla destructione, nisi ad nouam, nobiliorem, et meliorem formam, siue generationem, scilicet in lapidem perfectum philosophorum, quod est secretum et arcanum eorum mirabile. Est autem aqua illa media quaedam substantia, clara vt argentum purum, quae debet recipere tincturas Solis et Lunae, vt congeletur et conuertatur in terram albam, viuam. Ista enim aqua eget corporibus perfectis, vt cum illis post dissolutionem congeletur, fixetur, & coaguletur in terram albam. Solutio autem eorum est etiam congelatio eorum, Nam vnam & eandem habent operationem, quia non soluitur vnum, quin congeletur & alterum; nec est alia aqua quae possit dissoluere corpora, nisi illa quae permanet cum eis, in materia, & forma: imo permanens esse non potest, nisi sit ex alterius natura, vt fiant simul vnum. Cum videris igitur aquam coagulare seipsam cum corporib. in ea

dissoults, sois asseuré, ta science, methode & tes operations estre vrayes & philosophiques, & que tu procedes bien en l'Art.
Donc la nature s'amende en sa semblable nature, c'est à dire, l'or & l'argent s'ameliorent en nostre eau, comme nostre eau auec ces corps. Aussi cette eau est appellée le moyen & milieu de l'ame, sans lequel nous ne pouuons trauailler en cét Art. Elle est le feu vegetable, animal, & mineral, conseruatif de l'esprit fixe du Soleil & de la Lune ; le destructeur des corps, & le vainqueur : par ce qu'il destruit & dissoult le corps, & change les formes metalliques, faisant que les corps ne sont plus corps, mais seulement esprits fixes, conuertissant icelles formes en substance humide, molle & fluide, qui a entrée & vertu d'entrer dans les autres corps imparfaits, & se mesler auec eux indiuisiblement ; ensemble les teindre & parfaire, ce que ces corps ne pouuoient pas auparauant ; parce qu'ils estoient secs & durs, & cette dureté n'a point de vertu de teinture ny de perfection. Donc bien à propos conuertissons-nous ces deux corps en substance fluide, d'autant que toute teinture teint plus mille fois en substance molle & liquide, qu'en seiche, comme on peut voir au saffran. Donc la transmutation des metaux imparfaits, est impossible par les corps durs & secs, mais seulement par les mols & liquides. De cecy, il faut conclurre, qu'il faut faire reuenir l'humide, & reueler le caché. Ce qui s'appelle reincruder les corps, c'est à dire les cuire & amollir, iusques à qu'ils soient priuez de leur corporalité dure & seiche, parce que le sec n'entre point, ny ne teint que soy mesme. Donc le corps sec & terrestre ne teint point, s'il n'est teint : car (comme il est dit) l'espais terrestre n'entre point, ny teint ; parce qu'il n'entre point, donc il n'altere point. Partant l'or ne teint point, iusques à ce que son esprit occulte soit tiré & extrait de son ventre par nostre eau blanche, & soit fait du tout spirituel, blanche fumée, blanc esprit, & ame admirable.

Partant, nous deuons auec nostre eau attenuer les corps parfaits, les alterer, & molifier, afin qu'apres ils se puissent mesler auec les autres imparfaits. Voila pourquoy quand nous n'aurions autre benefice & vtilité de cette nostre eau Antimoniale que cetui-cy ; qu'elle rend les corps parfaits subtils, mols & fluides selon sa nature, il nous suffit : Car elle reduit les corps à la premiere origine de leur soulphre, & Mercure, & puis apres vn peu de temps, en moins d'vne heure d'vn iour, nous pouuons d'iceux faire sur la terre ce que la nature a fait dessous aux mines de la terre en mille années, ce qui est quasi miraculeux. Nostre final secret est doncques, par nostre eau faire les corps vog

solutis, ratus esto, scientiam, methodum & operationes tuas esse veras ac philosophicas, teque in arte rectè procedere.

Ergo natura emendatur in sua consimili natura, id est, aurum &
argentum, in nostra aqua emendantur, & aqua etiam cum ipsis corporibus, quæ etiam dicitur medium animæ, sine quo nihil agere possumus in arte ista, & est ignis vegetabilis, animabilis, & mineralis
conseruatiuus spiritus fixi Solis & Lunæ, destructor corporum ac victor: quia destruit, diruit, atque mutat corpora & formas metallicas,
facitque illas non esse corpora, sed spiritum fixum, illasque conuertit
in substantiam humidam, mollem & fluidam, habentem ingressum & virtutem intrandi in alia corpora imperfecta, & misceri cum
eis per minima, & illa tingere & perficere, quodquidem non poterant, cum essent corpora metallica sicca & dura, quæ non habent ingressum, neque virtutem tingendi & perficiendi imperfecta. Bene
igitur corpora conuertimus in substantiam fluidam, quia vnaquæque
tinctura plus in millesima parte tingit in liquida substantia & molli,
quam in sicca, vt patet de croco. Ergo transmutatio metallorum imperfectorum, est impossibilis fieri per corpora perfecta sicca, nisi prius
reducantur in primam materiam mollem & fluidam. Ex his oportet,
quod reuertatur humidum, & reueletur absconditum. Et hoc est, reincrudare corpora, idest, decoquere & mollire, donec priuentur corporalitate dura & sicca quia siccum non ingreditur nec tingit, nisi
seipsum. Corpus igitur siccum terreum non tingit, nisi tingatur,
quia [vt dictum] spissum terreum non ingreditur nec tingit, quia
non intrat, ergo non alterat; non idcirco tingit aurum, donec spiritus eius occultus extrahatur à ventre eius per aquam nostram albam,
& fiat omnino spiritualis, & albus fumus, albus spiritus, & anima mirabilis.

Quare debemus per aquam nostram, perfecta corpora attenuare, alterare, & mollificare, vt deinde misceantur cæteris corporibus imperfectis. Vnde si aliud beneficium non haberemus ab illa aqua Antimoniali, nisi quod reddit corpora subtilia, mollia, & fluida ad sui naturam, sufficeret nobis. Nam reducit corpora ad primam originem sulphuris & Mercurij, vt ex his postea in breui tempore, minus quàm in
hora diei, faciamus super terram, quod natura operata est subtus in
mineriis terræ in millib. annis, quod est quasi miraculosum. Est igitur nostrum finale secretum; per aquam nostram, corpora facere

latils, spirituels, & eau tingente, ayant entrée fur les autres corps. Car elle fait des corps vn vray efprit, parce qu'elle incere les corps durs & fecs, & les prepare à la fufion, c'eft à dire, les conuertit en eau permanente. Elle fait donc des corps vn huile tres-precieux & benin, qui eft vne vraye teinture, & vne eau permanente blanche, de nature chaude & humide, temperée, fubtile, fufible comme la cire, qui penetre, profunde, teint & parfait. En cette façon noftre eau diffout incontinent l'or & l'argent, faifant vne huile incombuftible, qui fe peut lors mefler dans les autres corps imparfaits. D'autant que noftre eau conuertit les corps en fel fufible, qui puis apres eft appellé par les Philofophes Sel Albrot, qui eft des fels le meilleur, & le plus noble, eftant fixe au regime, & ne fuyant point le feu. Et veritablement il eft l'huile de nature chaude & fubtile, penetrante, profundante, & entrante, appellé Elixir complet, & le fecret caché des fages Alchimiftes. Celuy donc qui fçait ce fel du Soleil & de la Lune, fa generation, on preparation, & puis apres le mefler, & faire amy auec les autres metaux imparfaits, celuy là vrayement fçait vn des tres-grands fecrets de la nature, & vne voye de perfection.

Ces corps ainfi diffoults par noftre eau, font appellez argent vif, lequel n'eft point fans foulphre, ny foulphre fans nature des luminaires, parce que les luminaires, le Soleil & la Lune, font les principaux moyens & milieu en la forme par lefquels la nature paffe, parfaifant & accompliffant fa generation. Et cét argent vif eft appellé fel honoré & animé, & portant generation, & feu, veu qu'il n'eft que feu, ny feu, veu qu'il n'eft que foulphre, ny foulphre, veu qu'il n'eft qu'argent vif, tiré par noftre eau du Soleil & de la Lune, & reduit en pierre de grand prix, c'eft dire, cét argent vif eft la matiere des luminaires alterée, changée & reduite de la vilité en nobleffe. Note, que ce foulphre blanc, eft le pere des metaux, & leur mere, enfemble il eft noftre Mercure, la miniere de l'or, l'ame, le ferment, la vertu minerale, le corps viuant, la medecine parfaite, noftre foulphre & noftre argent vif, c'eft à dire foulphre du foulphre, argent vif de l'argent vif, & Mercure du Mercure. Donc la propriété de noftre eau eft, qu'elle liquefie l'or & l'argent, & augmente en eux leur naturelle couleur. Elle conuertit donc les corps, de leur corporalité en fpiritualité. C'eft celle-là, qui enuoye dans le corps la fumée blanche, qui eft l'ame blanche, fubtile, chaude, & de grande igneité. Cette eau eft auffi appellée la pierre fanguinaire, auffi elle eft la vertu du fang fpirituel, fans lequel rien ne fe fait, & le fuiet de toutes chofes liquables, & de liquefaction, qui conuient fort bien, & adhere au Soleil & à la Lune,

volatilia & spiritualia, & aquam tingentem, habentem ingressum.
Facit enim corpora merum esse spiritum, quia incerat corpora dura &
sicca & præparat ad fusionem, id est convertit in aquam permanentem. Facit ergo ex corporibus oleum pretiosissimum benedictum, quod
est vera tinctura & aqua permanens alba, de natura, calida & hu-
mida, temperata, subtili, & fusibili ut cera, quod penetrat, profun-
dat, tingit & perficit. Aqua ergo nostra incontinenti soluit aurum
& argentum, & facit oleum incombustibile, quod tunc potest commis-
ceri alijs corporibus imperfectis. Nã aqua nostra convertit corpora in
naturam salis fusibilis, qui dicitur Sal Albrot philosophorum, omnium salium melior & nobilior, in regimine fixus non fugiens ignem,
& ipse quidem est oleum de natura calida, subtilis, penetrans, pro-
fundans, & ingrediens, dictus Elixir completum, & est secretum
occultum sapientum Alchimistarum. Qui scit ergo hunc salem Solis
& Lunæ, & eius generationem sive præparationem, & postea ipsum
commiscere & amicari cæteris corporibus imperfectis, scit profecto
unum de secretis naturæ maximum, & viam perfectionis unam.

Hæc corpora sic soluta per aquam nostram dicuntur argentum viuum, quod non est sine sulphure, nec sulphur sine natura luminarium,
quia luminaria sunt principalia media in forma, per quæ natura tran-
sit perficiendo & complendo suam generationem, & istud argentum
viuum vocatur sal honoratum & animatum, & prægnans, & ignis,
cum non sit nisi ignis, nec ignis, nisi sulphur, nec sulphur, nisi argentum viuum extractum à Sole & Luna per aquam nostram & reda-
ctum in lapidem alti pretij, id est erit materia alterata luminarium
& mutata de vilitate, in nobilitatem. Nota, quod sulphur illud album,
est pater metallorum ac mater illorum, Mercurius noster, & minera
auri, & anima, et fermentum, et virtus mineralis, et corpus viuum, et medicina perfecta, et sulphur, et argentum viuum, nostrum, id est, sulphur de sulphure, et argentum viuum de argento viuo, et Mercurius de Mercurio. Proprietas ergo aquæ nostræ est, quod
liquefacit aurum et argentum, et augmentat in eis natiuum colorẽ.
Conuertit enim corpora à corporalitate in spiritualitatem, et ipsa est
quæ immittit in corpus fumum album, qui est anima alba, subtilis, calida, multæ igneitatis. Hæc aqua dicitur etiam lapis sanguinaris, est
etiã virtus spiritualis sanguinis sine quo nil fit, et subiectum omnium
liquabilium; et liquefactionis, quod multum Soli et Lunæ conuenit

mais plus au Soleil qu'à la Lune, note bien cecy. S'appelle auſſi
le milieu, pour conioindre les teintures du Soleil & de la Lune
auec les metaux imparfaits. Car elle conuertit les corps en vraye
teinture, pour teindre les autres imparfaits: c'eſt vne eau qui
blanchit, ainſi qu'elle eſt blanche, qui viuifie, ainſi qu'elle eſt vne
ame, & partant, comme dit le Philoſophe, entre bien-toſt dans
ſon corps. Car c'eſt vne eau viue qui vient arroſer ſa terre, afin
qu'elle germe & donne du fruit en ſon temps: ainſi toutes choſes naiſſantes de la terre, ſont engendrées par l'arroſement. Donc
la terre ne germe point ſans irrigation, arroſement & humidité. L'eau de la roſée de May nettoye ces corps, les penetre
comme l'eau de la pluye, les blanchit; & fait eſtre vn corps nouueau compoſé de deux corps. Cette eau de vie goûuernée auec
ce corps, elle le blanchit, le conuertiſſant en ſa couleur blanche. Or cette eau eſt vne fumée blanche, & partant le corps ſe
blanchit auec icelle. Il te faut donc blanchir ce corps, & rompre ſes liures. Et entre ces deux, c'eſt à dire, entre le corps & l'eau
eſt deſir, amitié & ſociété, comme entre le maſle & la femelle, à
cauſe de la proximité de leur ſemblable nature: car noſtre eau viue
ſeconde eſt appellée Azoth, blanchiſſant le leton, c'eſt à dire, le
corps compoſé du Soleil & de la Lune par noſtre eau premiere. Cette eau ſeconde eſt auſſi appellée l'ame des corps diſſouts, deſquels
corps nous auons deſia lié enſemble les ames, afin qu'elles ſeruent
aux ſages Philoſophes. O combien eſt precieuſe & magnifique cette eau! car ſans elle l'œuûré ne ſe pourroit parfaire: auſſi eſt elle
nommée le vaiſſeau de la nature, le ventre, la matrice, le recepta-
cle de la teinture, la terre & la nourriſſe, elle eſt cette fontaine en
laquelle ſe lauent le Roy & la Reine, & la mere qu'il faut mettre &
ſceller ſur le ventre de ſon enfant qui eſt le Soleil; qui eſt ſorty &
venu d'icelle, & lequel elle a engendré. Voila pourquoy ils s'ay-
ment mutuellement, comme la mere & le fils, & ſe conioignent ſi
aiſément enſemble, parce qu'ils ſont venus d'vne meſme & ſemblable racine de meſme ſubſtance & nature. Et parce que cette eau eſt
l'eau de vie vegetable, & partant auſſi elle donne vie, & fait vegeter,
croiſtre & pulluler ce corps mort, & le fait reſuſciter de mort à
vie, par ſolution & ſublimation, & en telle operation le corps eſt
changé en eſprit, & l'eſprit en corps; & alors eſt faite l'amitié, paix,
& concorde des contraires, c'eſt à dire du corps & de l'eſprit, qui
entr'eux enſemble eſchangent leurs natures, qu'ils reçoiuent & ſe
communiquent indiuiſiblement, & ſi parfaitement, que le chaud
ſe meſle auec le froid, le ſec auec l'humide, le dur auec le mol,
& de telle façon ſe fait la mixtion des natures contraires, c'eſt à
ſauoir du froid auec le chaud, & de l'humide auec le ſec, & l'admirable conionction des ennemis. Donc noſtre diſſolution des corps

& adhæret, nec separatur ab eis semper: est ergo affinis Soli & Lunæ, sed magis Soli quam Lunæ, nota bene. Dicitur etiam medium coniungendi tincturas Solis & Lunæ cum metallis imperfectis, nam aqua illa conuertit corpora in veram tincturam ad tingenda reliqua imperfecta, & est aqua quæ dealbat, vt est alba, quæ viuificat, vt est anima, & ideo cito corpus suum ingreditur, ait Philosophus. Nam est aqua viua quæ venit suam irrigare terram vt germinet, & fructum producat in tempore suo, nam ex roratu omnia generantur ex terra nascentia. Terra ergo non germinat absque irrigatione & humiditate, aqua roris Maij ipsa abluit corpora, tanquam pluuiali penetrat & dealbat ac facit corpus nouum, ex duobus corporibus. Aqua illa vitæ gubernata cum corpore, ipsum dealbat conuertens ipsum in suum colorem album. Illa namque aqua, fumus albus est, ideo cum illa dealbatur corpus. Oportet ergo dealbare corpus, & rumpere libros, & inter illa duo, id est, inter corpus & aquam est libido & societas vt maris & fœminæ, propter naturæ similis propinquitatem. Nam aqua nostra viua secunda, dicitur Azot abluens latonem, id est, corpus, compositum ex Sole & Luna per aquam nostram primam, dicitur etiam anima corporum solutorum quorum animas iam simul ligauimus, vt seruiant sapientibus philosophis. Quantum ergo pretiosa est & magnifica hæc aqua? namque absque illa opus non posset perfici. Dicitur etiam vas naturæ, vterus, matrix, receptaculum tincturæ, terra, & nutrix. Et est fons in quo se lauant Rex, & Regina & mater quâ oportet ponere & sigillare in ventre sui infantis, qui est Sol qui ab ea processit, & ipsum parturijt, ideo sese mutuo amant & diligunt vt mater et filius, et coniunguntur simul, quoniam ab una et eadem radice venerunt et eiusdem substantiæ et naturæ. Et quoniam aqua ista, est aqua vitæ vegetabilis, ideo ipsa dat vitam, & facit vegetare, crescere et pullulare ipsum corpus mortuum, & ipsum resuscitare de morte ad vitam solutione & sublimatione, & in tali operatione vertitur corpus in spiritum, & spiritus in corpus, & tunc facta est amicitia, pax, concordia, & vnio contrariorum, id est, corporis & spiritus, qui mutant inuicem naturas suas quas recipiunt, & sibi communicant per minima, sic quod calidum miscetur frigido, & siccum humido, & durum molli, & hoc modo fit mixtio naturarum contrariarum, frigidi scilicet cum calido, & humidi cum sicco, atque admirabilis inter inimicos connexio. Nostra ergo dissolutio corpoy

C

qui se fait en cette premiere eau, n'est autre chose qu'vne mortifica-
tion de l'humide auec le sec, d'autant que l'humide se coagule tousiours par le sec, car l'humidité se contient, & s'arreste seulement par
la siccité, se terminant en corps ou en terre. Nos corps durs & secs,
mets les donc en nostre premiere eau, en vn vaisseau bien clos, là où
ils demeureront iusqu'à ce qu'ils soient dissouts, & qu'ils montent
en haut, & alors ces corps pourront estre appellez vn nouueau
corps, l'or blanc de l'Alchimie, la pierre blanche, le soulphre blanc
non bruslant, & la pierre de Paradis, c'est à dire, la pierre conuertissant les metaux imparfaits en argent blanc & fin. Ayant cela, nous
auons aussi tout ensemble, le corps, l'ame, & l'esprit, desquels esprit
& ame, il est dit, qu'on ne les peut extraire des corps parfaits, que
par la conionction de nostre eau dissoluante: car il est certain que la
chose fixe ne se peut esleuer en haut, que par la conionction de la
chose volatile. L'esprit donc, moyennant l'eau & l'ame, se tirera
des corps, lequel corps se fera non corps, parce que d'vn mesme
instant l'esprit auec l'ame des corps monte en haut en la superieure
partie, ce qui est la perfection de la pierre, & s'appelle sublimation. Cette sublimation (dit Florentius Cathalanus) se fait par
les choses aigres, spirituelles & volatiles, qui sont de nature sul-
phureuse & visqueuse, qui dissoluent, & font esleuer les corps en
l'air en esprit. Et en cette sublimation vne certaine partie & portion de nostredite eau premiere, monte en haut auec les corps, se
ioignant ensemble, ascendant & se sublimant en vne moyenne substance, qui tient de la nature des deux, c'est à sçauoir, des deux corps
& de l'eau, & partant cette moyenne substance est appellée le composé corporel & spirituel, Corsusle, Combar, Ethelie, Zandarith, &
le bon Duenech. Toutefois proprement elle s'appelle eau permanente, parce qu'elle ne fuit point au feu, demeurant perpetuellement
iointe auec les corps conioints, à c'est à dire, auec le Soleil & la Lune, communiquant à iceux vne teinture viue, incombustible, &
tres-ferme, plus noble & pretieuse que la precedente que ces corps
auoient, parce que puis apres, cête teinture peut courir sur les corps,
tout ainsi que l'huile, perçant & penetrant tout, auec vne fixion admirable, parce que cette teinture est l'esprit, & l'esprit est l'ame, &
l'ame est le corps: car en cette operation le corps est fait esprit de nature tres-subtile, & semblablement l'esprit s'incorpore, & se fait de
la nature des corps auec les corps, & ainsi nostre pierre contient
corps, ame & esprit. O nature, comme tu changes les corps en esprit! ce que tu ne pourrois faire si l'esprit ne s'incorporoit auec les
corps, & si les corps auec l'esprit ne se faisoient volatiles, & puis
apres permanens. Ils ont donc passé les vns dans les autres, & se sont
conuertis ensemblement par sapience. O sapience, comme tu fais
l'or est volatil & fugitif, encore que naturellement il soit tres-fixe. Il

rum quæ fit in toli primâ aquâ, non e;t, nisi mortificatio humidi cum
sicco, humidum verò coagulatur per siccum, quia humiditas tantum
siccitate continetur, terminatur, ac coagulatur in corpus siue in terram. Corpora igitur dura & sicca, ponantur in nostra prima aqua in
vase benè clauso, vbi maneant donec soluentur, & ascendant in altum, quæ tunc dici possunt nouum corpus, aurum album Alchimiæ,
& lapis albus, & sulphur album non vrens, & lapis Paradisi, hoc
est, conuertens metalla imperfecta in argentum album finum. Tunc
etiam habemus simul, corpus, animam & spiritum, de quo spiritu, &
anima dictum est, quod non possunt extrahi à corporibus perfectis, nisi
per coniunctionem nostræ aquæ dissolutiuæ: quia certum est, quod res
fixa non potest eleuari, nisi per coniunctionem rei volatilis. Spiritus
igitur mediante aqua & anima, ab ipsis corporib. extrahitur & red-
ditur corpus non corpus, quia statim spiritus cum anima corporum
sursum ascendit in superiori parte, quæ est perfectio lapidis, & vocatur sublimatio. Hæc sublimatio, inquit Florentius Cathalanus, fit per
res accidas spirituales, volatiles, quæ sunt de natura sulphurea & viscosa, quæ dissoluunt & faciunt eleuari corpora in aëram in spiritum.
Et in hac sublimatione pars quædam dictæ aquæ primæ, ascendit cum
corporibus simul se iungendo, ascendo, & sublimando in vnã mediam
substantiam quæ tenet de natura duorum ; scilicet corporum & aquæ,
proinde dicitur, corporale & spirituale compositum, Cor iuste, Cambar, Ethelia, Zandarith, Duenech bonus, sed proprie, tantum nominatur aqua permanens, quia non fugit in igne, perpetuò adhærens corporibus commixtis, id est, Soli & Lunæ, illisque communicãs tincturã
viuam, incombustibilem, ac firmissimam, precedēti nobiliorem & pre-
tiosiorem, quia potest currere dehinc hæc tinctura, sicut oleum, omnia
perforando & penetrando cum fixione mirabili, quoniam hæc tinctura est spiritus, & spiritus est anima, & anima corpus, quia in hac o-
peratione corpus efficitur spiritus, de natura subtilissima, & pariter
spiritus incorporatur, & fit de natura corporis cum corporibus, &
sic lapis noster cõtinet corpus, animam, & spiritum. O natura quomodo vertis corpus in spiritum? quod non fieret si spiritus non incorpo-
raretur cum corporibus, & corpora cum spiritu fierent volatilia,
& postea permanentia. Transiuit igitur vnus in alterum, & sese
inuicem cõuersi sunt per sapientiam. O sapientia quomodo facis aurum
esse volatile, ac fugitiuum etiamsi naturaliter fixissimum esset! O-

faut donc diſſoudre & liquefier ces corps auec noſtre eau, & iceux
faire eau permanente, eau dorée ſublimée, laiſſant au fonds le gros,
terreſtre & ſuperflu, ſec. Et en cette ſublimation le feu doit eſtre
doux & lent: Car ſi par cette ſublimation le feu lent les corps
ne ſont purifiez,& leurs plus groſſieres parties terreſtres(note bien)
ne ſont ſeparées de l'immondice du mort. tu ne pourras parfaire
l'œuure. Car tu n'as beſoin que de cette nature ſubtile & legere,qui
monte en haut des corps diſſoulds, laquelle te ſera aiſément donnée par noſtre eau ſi tu trauailles doucement, car elle ſeparera l'e-
terogene & l'homogene.

Noſtre compoſé reçoit donc vn nettoyement & mondification
par noſtre feu humide, c'eſt à ſçauoir,diſſoluant & ſublimant ce qui
eſt pur & blanc, mettant à part les feces comme vn vomiſſement
qui ſe fait volontairement, dit Azinaban. Car en telle diſſolution &
ſublimimation naturelle, il ſe fait vn choix des elemens, vne mun-
dification & ſeparation du pur de l'impur, de ſorte que le pur & le
blanc monte en haut, & l'impur eſt terreſtre fixe, demeure au
fonds de l'eau,& du vaiſſeau: ce qu'il faut ietter & oſter, parce qu'il
eſt de nulle valeur,prenant ſeulement la moyenne ſubſtance, blanche,fluente & fundente, laiſſant la terreſtre fœculent, qui eſt de-
meuré au fonds,prouenu principalement de l'eau, & ce qui reſte
en ce fonds, n'eſt rien que boüe & terre damnée ou condamnée,
qui ne vaut rien, ny ne peut valoir iamais, comme fait cette claire
matiere blanche, pure & nette, laquelle ſeule nous deuons prendre
Et en ce rocher Capharée, le plus ſouuent le nauire & ſçauoir des
diſciples, & eſtudiants en la Philoſophie,(comme il m'eſt arriué autrefois) perit tres-imprudemment, parce que les Philoſophes ,le
plus ſouuent enſeignent de faire le contraire,c'eſt à ſçauoir,qu'il ne
faut oſter que l'humidité,c'eſt à dire la noirceur, ce que toutesfois
ils diſent & eſcriuent ſeulement,afin de tromper les groſſiers ignorans, qui d'eux-meſmes ſans maiſtre,lecture indefatigable, où priere à Dieu Tout-puiſſant,deſirent d'emporter victorieux cette bien-
heureuſe toiſon d'or.

Notez-donc, que cette ſeparation, diuiſion, & ſublimation, ſans
doute eſt la clef de toute l'œuure. Donc apres la putrefaction & diſſolution de ces corps,nos corps s'eſleuent en haut,iuſques ſur la ſuperficie de l'eau diſſoluente, en couleur blanche, & cette blancheur
eſt vie:Car en cette blancheur,auec les eſprits du Soleil & de la Lune,eſt infuſe l'ame Antimoniale & Mercuriale, qui ſepare le ſubtil
de l'eſpois,le pur de l'impur, eſleuant peu à peu la partie ſubtile du
corps de ſes feces,iuſqu'à ce que tout le pur,ſoit ſeparé & eſleué. Et
en cecy s'accomplit noſtre ſublimation philoſophique & naturelle.

portet igitur diſſoluere & liquefacere corpora iſta per aquam noſträ,
& illa facere aquam permanentem, aquam auream ſublimatam, re-
linquendo in fundo groſſum, terreſtreum & ſuperfluum ſiccum. Et in
iſta ſublimatione ignis debet eſſe lentus, quia ſi per hanc ſublimatio-
nem in igne lento, corpora purificata non fuerint, & groſſiores eius
partes [nota bene] terreſtres ſeparatæ à mortui immunditia, impedie-
ris quominus ex his poſſis perficere opus, non indiges enim, niſi tenui
& ſubtili natura corporum diſſolutorum, quam tibi dabit aqua noſtra
ſilento igne procedis, ſeparando eterogenea ab homogeneis.

   Recipit ergo compoſitum, mundationem per ignem noſtrum humidum, diſſoluendo ſcilicet & ſublimando quod purum & album eſt,
eiectis fecibus vt vomitus qui ſponte fit, (inquit Azinabam.) Nam
in tali diſſolutione, & ſublimatione naturali fit elementorum deli-
gatio mundificatio, & ſeparatio puri ab impuro; ita vt purum & album aſcendat ſurſum, & impurum & terreum fixum remaneat in
fundo aquæ & vaſis, quod eſt dimittendum & remouendum, quoniam nullius eſt valoris, recipiendo ſolum mediam ſubſtantiam albam,
fluentem, & fundentem, et dimittendo terram fœculentam, quæ re-
manſit inferius in fundo ex parte præcipue aquæ, quæ eſt ſcoria et terra
damnata, quæ nihil valet, nec vnquam aliquid boni præſtare poteſt, vt
illa clara materia alba, pura, & nitida, quam ſolam debemus accipere,
& ad hunc Caphareum ſcopulum ſæpe numero nauis atque ſcientiæ
diſcipulorum Philoſophiæ, [vt mihi etiam aliquando accidit) impru-
dentiſſime colliditur, quia Philoſophi ſæpiſſime contrarium aſſerunt,
nempe, nihil remouendum, præter humiditatem, id eſt, nigredinem, quod
tamen dicunt ac ſcribunt tantam, vt poſſint decipere incautos, qui abſque magiſtro, aut indefatigabili lectura, & oratione ad Deum omni-
potentem, aureum hoc vellus auellere cupiunt.

   Notate igitur, quod ſeparatio, diuiſio & ſublimatio iſta abſque du-
bio eſt clauis totius operis. Igitur, poſt putrefactionem & diſſolutionē
horum corporum, corpora noſtra ſe eleuant in altum vſque ab ſuper-
ficiem aquæ diſſoluentis, in colorem albedinis, & hæc albedo eſt vita,
nam in illa albedine animæ Antimonialis, & Mercurialis, infundi-
tur cum Spiritibus Solis & Lunæ nutu naturæ, quæ ſeparat ſubtile ab
ſpiſſo, et purum ab impuro, eleuando paulatim partem ſubtilem corporis à ſuis fæcibus, donec totum purum ſeparetur & eleuetur. Et in
hoc completur noſtra ſublimatio philoſophica et naturalis. Et cum hac

& auec cette blancheur est infuse au corps l'ame, c'est à dire, la vertu minerale, qui est plus subtile que le feu, veu qu'elle est vne vraye quinte-essence, & vraye vie, qui desire & appete de naistre & se dépoüiller des grosses feces terrestres qu'elle a prises du menstrual, & de la corruption du lieu de son origine. Et en cecy est nostre sublimation philosophique, non au Mercure vulgal inique qui n'a nulles qualitez semblables à celles desquelles est orné nostre Mercure extrait de ses cauernes Vitrioliques, mais reuenons à nostre sublimation. Il donc certain en cét art, que cette ame extraitte des corps, ne se peut esleuer que par apposition de la chose volatile qui est de son gendre, par laquelle les corps sont rendus volatiles, & spirituels en s'esleuant, subtiliant & sublimant contre leur nature propre corporelle, graue & pesante, en laquelle façon ils se font non corporels, incorporels, & quinte-essence de la nature des esprits, laquelle est appellée l'oyseau d'Hermes, & le Mercure extrait du serf rouge, & ainsi demeurent en bas les parties terrestres, ou plustost les parties plus grossieres des corps, lesquelles ne se peuuent parfaitement dissoudre par aucun subtil moyen, ny artifice d'esprit. Et cette fumée blanche, cét or blanc, c'est à dire, cette quinte-essence, est aussi appellée la magnesie composée, laquelle contient comme l'homme, ou est composée comme l'homme, de corps, ame, & esprit : Son corps est la terre fixe du Soleil, qui est plus que tres-subtile, laquelle s'esleue en haut, pesamment par la force de nostre eau diuine ; Son ame est la teinture du Soleil & de la Lune, procedant de la conionction de ces deux ; & l'esprit est la vertu minerale des deux corps, & de l'eau, qui porte l'ame, ou la teinture blanche sur les corps, & des corps, tout ainsi que par l'eau sur le drap est portée la teinture des teintures. Et cét esprit Mercurial est le lien de l'ame Solaire, & le corps Solaire est le corps de la fixion, contenant auec la Lune l'esprit & l'ame. L'esprit donc penetre le corps fixe, l'ame conioint, teint, & blanchist, de ces trois ensemblement vnis, se fait nostre Pierre, c'est à dire, du Soleil, de la Lune, & Mercure. Donc auec nostre eau dorée, se tire la nature, surmontant toute la nature, & partant si les corps ne sont dissous par cette nostre eau, & par icelle imbus, amollie, & doucement, & diligemment regis, iusques à ce qu'ils laissent leur grosseur espaisseur, & se changent en vn subtil esprit, & impalpable, nostre labeur sera tousiours vain : parce que si les corps ne sont changez en non corps, c'est à dire, en Mercure des Philosophes, on ne trouue point encore la regle de l'Art, & cela est, parce qu'il est impossible d'extraire des corps, cette tres-subtile ame qui contient en soy toutes teintures, si premierement ces corps ne sont

albedine, infusa est in corpore anima, id est, virtus mineralis, quæ subtilior est igne, cum sit vera quinta essentia, et vita, quæ nasci appetit, & sese spoliare à grossis fæcibus terrestribus, quæ illi aduenerant ex parte menstrualis, & corruptionis. Et in hoc, est nostra philosophica sublimatio, non in vulgari iniquo Mercurio, qui nullas habet qualitates similes illis quib. ornatur Mercurius noster extractus à cauernis suis vitriolicis, sed redeamus ad sublimationem. Certissimum igitur est in arte ista, quod anima hæc extracta à corporibus, eleuari non potest, nisi per appositionem rei volatilis, quæ est sui generis, per quam corpora redduntur volatilia & spiritualia, sese eleuando, subtiliando, & sublimando, contra naturam propriam, corpoream, grauem & ponderosam, & hoc modo fiunt non corpora, et quinta essentia, de natura Spiritus, quæ vocatur Auis Hermetis, et Mercurius extractus à seruo rubeo, et sic remanent inferius partes terrestres, aut potius grossiores corporum, quæ perfectissime non possunt solui ullo ingeniorum modo. Et fumus ille albus, album illud aurum, id est, hæc quintessentia, dicitur etiam magnesia composita quæ continet vt homo, vel composita est vt homo, ex corpore, anima, et spiritu. Corpus eius est terra Solaris fixa, plusquam subtilissima, per vim aquæ nostræ diuinæ ponderositer eleuata, Anima eius est tinctura Solis et Lunæ, procedens excommunicatione horum duorum, Spiritus verò, est virtus mineralis amborum et aquæ, quæ defert animam, siue tincturam albam super corpora, et ex corporibus, sicut portatur tinctura tinctorum, per aquam supra panum. Et ille spiritus Mercurialis, est vinculum animæ Solaris, et corpus Solare, est corpus fixionis continens cum Luna Spiritum, et animam. Spiritus ergo penetrat, corpus figit, anima copulat, tingit et dealbat. Ex his tribus simul vnitis fit lapis noster, id est, ex Sole, Luna et Mercurio. Cum ergo aqua nostra aurea, extrahitur natura omnem superans naturam, ideoque nisi corpora per aquam hanc diruantur, imbibantur, terantur, parce et diligenter regantur, donec ad spissitudinem abstrahantur, et in tenuem spiritum, et impalpabilem vertantur, vacuus est labor, quia nisi corpora vertantur in non corpora, id est, in Mercurium philosophorum, nondum operis regula inuenta est, et illud ideo quoniam impossibile est illam tenuissimam animam omnem in se tincturam habentem à corporibus extrahere, nisi prius

refouds dans noftre eau. Diffouds donc les corps dans l'eau dorée,
decuifles iufques à tant que par la force & vertu de l'eau, toute la
teinture forte en couleur blanche, ou en huile blanche; Et quand tu
verras cette blancheur fur l'eau, fçache qu'alors les corps font li-
quefiez, continuë encor ta decoction iufques à ce qu'ils enfantent
la huée, qu'ils ont defia conçeu tenebreuse, noire, & blanche. Tu
mettras donc les corps parfaits en noftre eau, en vn vaiffeau fcellé
Hermetiquement que tiendras fur vn feu doux, iufqu'à ce que tout
foit refouds en huile tres-precieux. Cuis (dit Adfar) auec vn doux
feu, comme pour la nourriture & naiffance des poulets des œufs,
& iufqu'a tant que les corps foient diffous, & que leur teinture(note bien) qui fera tres-amoureusement l'vne auec l'autre coniointe,
forte entierement: Car elle ne fort, & ne s'extrait pas toute à la fois,
mais feulement elle fort peu à peu, chaque iour, chaque heure, iufques à ce qu'après vn long-temps cette diffolution foit faite entierement, & ce qui eft diffout, dés l'inftant s'en va fur l'eau. Il faut qu'en
cette folution le feu foit lent, & doux, & continuel, iufques à ce que
les corps foient faits eau vifqueufe, impalpable, & que toute la teinture forte dû commencement en couleur noire, ce qui eft figne de
vraye diffolution, & que puis après, par longue decoction, elle fe
faffe eau blanche & permanente, Car la regiffant en fon bain, elle
fe fait puis après claire, venant finalement comme l'argent vif vulgaire, montant fur les airs, fur l'eau premiere. Et partant quand tu
verras les corps diffous en eau vifqueufe, fçache qu'alors ils font
conuertis en vapeur, & que tu as les ames feparées de tes corps
morts, & qu'elles font par la fublimation mifes en l'ordre & eftat
des efprits, & par là tous les deux corps, auec vne portion de noftre
eau, font faits efprits volans & môhtans en l'air, & que le corps côm-
pofé du mafle & de la femelle, dû Soleil & de la Lune, & de cette
tres-fubtile nature, nettoyée par la fublimation, prend vie, eft infpiré par fon humeur, c'eft à dire, par fon eau, comme l'homme par
l'air, voila pourquoy dorefnauant il multiplie, & croit en fon efpe-
ce, comme toutes les autres chofes du monde. Et en telle eleuation
& fublimation philofophique, ils fe conioignent tous les vns les autres, & le corps nouueau infpiré de l'air, vit vegetablement, ce qui
eft miraculeux. Partant, fi par eau & par feu les corps ne font fubti-
liez iufqu'à ce point, qu'ils puiffent monter comme les efprits, &
iufqu'à ce qu'ils foient faits comme eau, fumée, où Mercure, on ne
fait rien en l'air. Toutefois eux montans comme les efprits, ils naiffent en l'air, & le changent en air, & fe font vie auec la vie, de forte
qu'ils ne fe peuuent depuis plus feparer, de mefme que l'eau meflée
auec l'eau. Et partant on dit, que la pierre naift fagement en l'air, par
ce qu'elle eft entierement fpirituelle. Car ce Vautour volant fans aifles, crie fur la montagne, difant : Ie fuis le blanc du noir, & le rouge
du blanc, & le citrin enfant du rouge, ie dis vray, & ne ments point.

Suffit

resoluantur in aquâ nostra. Solue ergo corpora in aurea aqua, &
decoque quousque tota egrediatur tinctura per aquam in colorem album siue in oleum album, cumque videris illam albedinem super
aquam, scias tunc corpora esse liquefacta, continua ergo decoctionem donec pariant nebulam quam conceperunt tenebrosam, nigram
& albam. Pone ergo corpora perfecta in aqua nostra, in vase Hermeticè sigillatò, super ignem lenem, & coque continuò donec perfectè
resoluantur in oleum pretiosissimum. Coque [inquit Adfar] igne leni sicut per ouorum nutritionem donec soluantur corpora, & eorum
tinctura coniunctissima [nota] extrahatur. Non autem extrahitur
tota simul, sed parum ad parum egreditur, omni die, omni hora, donec
in longo tempore compleatur huiusmodi solutio, & quod soluitur semper petit superius. Et in tali dissolutione sit ignis lenis, et continuus,
donec in aquam viscosam soluantur impalpabilem, & tota egrediatur tinctura in colore nigredinis primum, quod est signum veræ solu-
tionis. Continua deinde decoctionem quousque fiat aqua permanens
alba, quia in suo regens balneo, fiet postea clara & tandem deueniet,
sicut argentum viuum vulgare, scandens per aëra super aquam primam. Ideoque cum videris corpora soluta in aquam viscosam, scias
tunc corporis esse conuersa in vaporem, & te habere animas à corporib. mortuis separatas, & in spirituum ordinem sublimatione dela-
tas, vnde ambo cum parte aquæ nostra, facta sunt spiritus in aëra
scandentes, ibique corpus compositum ex mare & femina, ex Sole &
Luna, & ex illa subtilissima natura mundata per sublimationem, accipit vitam, inspiratur à suo humore, id est, à sua aqua, sicut homo ab
aëre, quare multiplicabitur deinceps ac crescet in sua specie, sicut res
omnes cæteræ In tali ergo eleuatione, & sublimatione philosophica,
coïunguntur omnes ad inuicem, & corpus nouum inspiratum ab aëre
viuit vegetabiliter, quod est miraculosum. Quare nisi corpora igne, &
aqua attenuentur, quousque ascendant in spiritus, & quousque fiant,
vt aqua & fumus, vel Mercurius, nihil sit in arte. Illis tamen ascê-
dentibus in aëre nascuntur, & in aëre vertuntur, fiuntque vita cum
vita, vt numquam possint separari, sicut aqua mixta aquæ. Ideoque
natus in aëre sapienter dicitur, quoniam omnino spiritualis efficitur.
Ipse namque Vultur sine alis volans, supra montem clamitat dicens,
Ego sum albus nigri, & rubeus albi, & citrinus rubei filius; vera
dicens non mentior.

Il te suffit donc, de mettre le corps en ton eau dans le vaisseau vne
fois, & puis le bien clorre, iusqu'à ce que la separatió soit faite, qui est
appellée par les enuieux conionction, sublimation, extractió, putré-
faction, ligation, epousaille, subtiliation, generation, &c. & que tout
le magistere soit parfait, fay donc ainsi qu'é la generation de l'hôme
& de tous les vegetables, mets seulement vne fois la semence en la
matrice, & puis clos la biế. Tu vois par ce moyen, cóme noùs n'auôs
pas besoin de plusieurs choses, & que nostre œuure ne requiert point
des grãdes dépéses, parce qu'il n'y a qu'vne seule pierre, vne medecine,
vn vaisseau, vn regime, vne disposition successiue, tãt au blanc qu'au
rouge. Et combien que nous disions en plusieurs lieux, prenez cecy,
prenez cela, toutefois nous n'entendons point qu'il faille prendre riế
qu'vne chose, qu'il faut mettre vne seule fois, & puis clorre le vaisseau, iusqu'à ce que l'œuure soit parfaite. Car les Philosophes enuieux mettent qu'on prenne ces diuerses choses, afin de faire errer
les ignorans & peu fins, comme il a esté desia dit. C'est art aussi n'est-
il pas Cabalistique, & plein de tres-grands secrets? Et toy fãt, tu crois
que nous enseignons clairement les secrets des secrets ? & prens
les paroles selon le son des mots ? Sçache certainement, (ie ne
suis aucunement enuieux ainsi que les autres.) Toute personne qui
prend les paroles des Philosophes selon la signification vulgaire, des
mots ordinaires, desia celuy-là ayant perdu le filet d'Ariadne, par my
les destours du labyrinthe, erre tres-grandement, & a destiné son argent à perdition. Et moy-mesme ARTEPHIYS, apres que i'ay eu apris
tout l'art dans les liures du veritable Hermes, i'ay esté à ti comme
les autres enuieux, mais comme i'eusse veu par l'espace de mil ans, ou
peu s'en faut, (lesquels mil ans sont desia passez sur moy depuis le
temps de ma naissance, par la grace du seul Dieu Tout-puissant, &
l'vsage de cette admirable quinte-essence, comme i'eusse veu en ce
long espace de téps, qu'aucun autre ne parfaisoit le magistere d'Hermes, à cause de l'obscurité des mots des Philosophes, meu de pieté, &
de la probité d'vn hôme de bien, i'ay resolu en ces derniers iours de
ma vie, écrire le tout sinceremết, & vrayement, afin qu'ô ne puisse riế
desirer pour faire l'œuure, qu'on n'aye (i'excepte certaine chose, qu'il
n'est loisible à aucune personne de dire ny écrire, parce que cela se reuele tousiours par Dieu, ou par vn maistre) encór que cela mesme se
peut facilement apprếdre en ce liure, pourueu qu'ô n'aye la ceruelle
trop dure, & qu'ô aye vn peu d'experiếce. I'ay dôc écrit en ce liure la
verité nuếment, la vestissant neãtmoins de quelques petits haillons,
afin que tout hôme de biế & sage, puisse cueillir heureusếmết de cết
arbre philosophique, les pômes admirables des Hesperides. Et partãt
loüé soit Dieu tres-haut, qui à mis cette benignité en nostre ame, &
auec vne vieillesse treslôgue, nous a dôné vraye dilếctió de cœur, par
laquelle il me semble que i'ébrasse, cheris & vrayemết aime tous lếs

Sufficit ergo tibi corpora in vase, & in aqua semel ponere, & diligenter claudere vas, quousque vera separatio sit facta, quæ vocatur ab inuidis coniunctio, sublimatio, assatio, extractio, putrefactio, ligatio, desponsatio, subtiliatio, generatio, &c. & totum perficiatur magisterium, Fac igitur sicut ad generationem hominis, & omnis vegetabilis, imponito semel matrici semen & bene claude. Vides ergo quomodo pluribus rebus non indiges, & quod opus nostrum magnas non requirit expensas, quoniam vnus est lapis, vna medicina, vnum vas, vnum regimen, vna dispositio ad album, & rubeum successiuè faciendum. Et quamuis dicamus in pluribus locis ponito hoc, ponito istud, tamen non intelligimus nos oportere, nisi vnam rem accipere, & semel ponere, & claudere vas vsque ad operis complementium, quia hæc tantum ponuntur à philosophis inuidis, vt decipiant, vt dictum est, incautos. Nunquid enim etiam hæc ars est Cabalistica? arcanis plena? & tu fatue credis nos docere apertè arcana arcanorum, verbaque accipis secundam sonum verborum? scito verè, [nullo modo sum ego inuidus vt cæteri] qui verba aliorum philosophorum accipit secundùm prolationem, ac significationem vulgarem nominum, iam ille absque filo Ariadnæ, in medio amfractuam Labyrinthi multipliciter errat, pecuniamque suam destinauit perditioni, Ego verè Artephius postquam adeptus sum veram ac completam sapientiam in libris veridici Hermetis, fui aliquando inuidus sicut cæteri omnes, sed cum per mille annos, aut circiter [quæ iam transierunt super me à natiuitate mea, gratia Soli Dei omnipotentis, & vsu huius mirabilis quintæ essentiæ,] cum per hæc, inquam, longißima tempora, viderè neminem magisterium Hermeticum obtinere posse, propter obscuritatem verborum philosophorum, pietate motus ac probitate boni viri, decreui in his vltimis temporibus vitæ meæ, omnia scribere sincerè ac veraciter, vt nihil ad perficiendum lapidem philosophorum poßis desiderare (dempto aliquo, quod nemini licet scribere, quia reuelatur per Deum, aut magistrum, & tamen in hoc libro, ille qui non erit duræ ceruicis, cum pauca experientia faciliter addiscet.) Scripsi ergo in hoc libro nudam veritatem, quia paucis coloribus vestiui, vt omnis bonus & sapiens, mala Hesperidum mirabilia feliciter poßit ex arbore hac philosophica decerpere. Quare laudetur Deus altißimus, qui posuit in anima nostra hanc benignitatem, & cum senectute longinquißima dedit nobis veram cordis dilectionem, qua omnes simul ho-

hommes. Mais reuenons à l'art. Veritablement noſtre œuure s'acheue toſt: Car ce que la chaleur du Soleil fait en cent ans aux minieres de la terre pour la generation d'vn ſeul metal,) ainſi que i'ay veu ſouuent) noſtre feu ſecret, c'eſt à dire noſtre eau ignée, ſulphureuſe, qui eſt nommée Bain Marie, le fait en peu de temps.

Et cette œuure n'eſt point de grand labeur à celuy qui l'entend, & la ſçait, voire ſa matiere n'eſt point ſi chere (veu qu'vne petite quantité ſuffit) qu'il doiue eſtre cauſe qu'aucun en retire ſa main, parce qu'elle eſt ſi briefue & ſi facile, qu'à bon droit elle eſt appellée l'ouurage des femmes & le ieu des enfans. Trauaille donc courageuſement, mon fils, prie Dieu, lis les liures aſſiduellement, car vn liure ouure l'autre, penſes y profondement, fuy les choſes qui s'enfuïent & euanoüiſſent au feu, parce que ton intention ne doit point eſtre en choſes combuſtibles & aduſtibles, mais ſeulement en la coction de ton eau extraicte de tes luminaires. Car par cette eau la couleur & poids ſe donne iuſques à l'infini; laquelle eſt vne fumée blanche, qui deſſluë dans les corps parfaits ainſi qu'vne ame, leur oſtant entierement la noirceur & immondicité, conſolidant les deux corps en vn, & multipliant leur eau, & n'y a autre choſe qui puiſſe oſter aux corps parfaits, c'eſt à dire, au Soleil & à la Lune, leur vraye couleur qu'Azot, c'eſt à dire, cette eau qui colore, & rend blanc le corps rouge ſelon les regimes.

Mais traittons des feux, noſtre feu eſt mineral, égal, continuel, ne vapote point s'il n'eſt trop excité, il participe du ſoulphre, eſt pris d'ailleurs que de la matiere, il deſrompt tout, diſſout, congele, & calcine, il eſt artificiel à trouuer, & vne deſpenſe ſans frais, au moins non guieres grands, il eſt auſſi humide, vaporeux, digerant, alterant, penetrant, ſubtil, aërien, non violent, ſans bruſlure, circondant & enuironnant, contenant, vnique, c'eſt la fontaine d'eau viue qui entourne & contient le lieu où ſe baigne le Roy & la Reine, en toute l'œuure ce feu icy humide te ſuffit, au commencement, milieu, & à la fin. Car en cettuy-cy conſiſte tout l'art, c'eſt vn feu naturel, contre nature, innaturel & ſans bruſlure, & pour vn dernier, ce feu eſt chaud, ſec, humide & froid, penſe ſur cecy, & trauaille droictement, ne prenant point les natures eſtrangeres. Que ſi tu n'entends point ſes feux, écoute bien cecy, que ie te donne la plus abſtruſe & occulte cauillation des anciens Philoſophes, & qui n'a iamais eſté encore eſcrit dans les liures iuſques à maintenant.

Nous auons proprement trois feux, ſans leſquels l'art ne ſe peut parfaire, & qui ſans iceux trauaille, il prend beaucoup de ſoucis en vain. Le premier eſt, de la lampe, lequel eſt continuel, humide, vaporeux, aërien, & artificiel à trouuer ; Car la lam

mines (vt mihi videtur) amplector, diligo & vere amo. Sed ad artê redeundum, sane opus nostrum citò perficitur, nam quod calor Solis in 100. annis coquit in minerij terræ ad generandum vnum metallum (vt sæpißimè vidi) Ignis noster secretus, id est, aqua nostra ignea, sulphurea, quæ dicitur Balneum Mariæ, operatur breui tempore.

Et hoc opus non est grauis laboris illi qui scit & intelligit, atque non est materia illius tam chara (cum parua quantitas sufficiat) quòd excusari quis poßit vt ab opere manum suspendat, quia est adeò breue & facilè, vt meritò dicatur opus mulierum, & ludus puerorum. Age ergo gnauiter, fili mi, ora Deum, lege aßiduè libros, liber, enim, librum aperit, cogita profundè, fuge res euanescentes in igne, quia non habes intentum tuum in his rebus adustibilibus, sed tantum in decoctione aquæ tuæ ex luminaribus extractâ. Nam ex ista aqua color, & pondus adducitur vsque ad infinitum, et hæc aqua est fumus albus, qui in corporib. perfectis veluti anima defluit, & eorum nigredinem & immunditiam ab eis penitus aufert, et corpora in vnum consolidat, & eorum aquam multiplicat, et nihil est quod à corporibus perfectis, id est, à Sole & Luna colorem poßit aufferre nisi Azoth, id est, nostra aqua quæ colorat, et album reddit corpus rubeum secundum regimina sua. Sed loquamur de ignibus. Ignis ergo noster mineralis est, æqualis est, continuus est, non vaporat, nisi nimium excitetur, de sulphure participat, aliunde sumitur quàm à materia, omnia diruit, soluit, congelat, et calcinat, et est artificialis ad inueniendum, et compendium sine sumptu etiam saltem paruo, est etiam humidus, vaporosus, digerens, alterans, penetrans, subtilis, aëreus, non violentus, incomburens, circundans, continens, vnicus, & est fons aquæ viuæ quæ circuit & continet locum ablutionis Regis & Reginæ, in toto opere ignis iste humidus tibi sufficit, in principio, medio, & fine, quia in ipso tota ars consistit, & est ignis naturalis, contra naturam, in naturalis, et sine adustione, & pro corollario est ignis calidus, siccus, humidus, & frigidus, cogitate super hæc, & facite rectè absque natura extranea. Quòd si hos ignes non intelligitis, audite hæc ex abstrusiori, & occulta antiquorum de ignibus cauillatione, numquam in libris huc vsque scripta.

Tres propriè habemus ignes, sine quibus ars non perficitur, & qui absque illis laborat in vnum curas suscipit. Primus est lampedis, & is continuus est, humidus, vaporosus, aëreus, & artificialis ad inue-

pe doit eftre proportionnée à la clofture, & en cette lampe il faut
vfer de grand iugement, ce qui ne paruient point à la connoiffance
de la dure ceruelle, parce que fi le feu de la lampe n'eft geometrique-
ment & congruement adapté au fourneau, ou par defaut de chaleur,
tu ne verras point les fignes attenduës en leur temps, & partant par
trop longue attente perdras l'efperance, ou bien s'il eft trop vehe-
ment, tu brufleras les fleurs de l'or, & pleindras triftement tes labeurs. Le fecond feu, eft des cendres dans lefquelles le vaiffeau feellé
Hermetiquement demeure affis, ou pluftoft c'eft cette chaleur tres-
douce, qui contourne le vaiffeau prouenant de la temperée vapeur,
de la lampe. Ce feu icy n'eft point violent, s'il n'eft par trop excité, il
eft digerent, alterant, fe prend d'ailleurs que de la matiere, eft vnique, il eft auffi humide, &c. Le troifiéme eft le feu naturel de noftre
eau, qui à caufe de cela eft appellé, feu contre nature, parce qu'il eft
eau, & toutefois elle fait que l'or deuient vray efprit, ce que le feu
commun ne fçauroit faire, cetuy eft mineral, egal, participe du foulphre, rompt, congele, diffout, & calcine tout, il eft penetrant, fubtil,
non bruflant, c'eft la fontaine dans laquelle fe lauent le Roy & la
Reine, duquel nous auons toufiours befoin, au commencement,
milieu, & à la fin. Des autres deux feux fufdits nous n'en auons pas
befoin toufiours, mais feulement quelquefois, &c. Conioints donc
en lifant les liures des Philofophes, ces trois fortes de feux, & fans
doute tu entendras toutes les cauillations de leurs feux.

Quand aux couleurs. Qui ne noircit point, celuy-là ne peut blanchir, parce que la noirceur eft le commencement de la blancheur, le
figne de la putrefaction & alteration, & que le corps eft defia penetré & mortifié. Donc en la putrefaction en cette eau: premierement
t'apparoiftra la noirceur femblable au broüet fanglant poiuré. Puis
apres la terre noire fe blanchira par continuelle decoction, car l'ame
des deux corps furnage fur l'eau comme de la crefme blanche, & en
cette feule blancheur tous les efprits s'vniffent, de forte que depuis
ils ne s'en peuuent fuir les vns des autres. Et partant il faut blanchir
le leton, & rompre les liures, afin que nos cœurs ne fe dérompent
point, parce que cette entiere blancheur eft la vraye pierre au blanc,
& le corps noble par la neceffité de fa fin, & la teinture de blancheur
d'vne tres-exuberante reflexion, qui ne fuit point eftant meflée auec
vn corps. Note donc icy, que les efprits ne font point fixes qu'en la
blanche couleur, laquelle par confequent eft plus noble que les autres couleurs, & doit eftre plus defirablement attenduë, veu qu'elle eft comme quafi tout l'accompliffement de l'œuure. Car noftre
terre fe purifie premierement en noirceur, puis elle fe nettoye en
l'efleuation, en apres elle fe deffeiche, & la noirceur s'en va, & alors
elle fe blanchit, & perit le tenebreux empire humide de la femme,
alors auffi la fumée blanche penetre dans le corps nouueau, & les

niendum, nam lampas debet esse proportionata ad clausuram, & in
hac vtendum est magno iudicio, quod non peruenit ad artificem dura
ceruicis, quia si ignis lampadis non est geometricè & debitè pro portioq
natus, aut per defectum caloris non videbis signa in tempore designa-
ta, atque præ nimia mora, expectatio aufugiet tua, aut præ ardore nimio flores auri comburentur, & laborem tuum iniquè de flebis. Secun-
dus ignis est cinerum, in quibus vas recluditur Hermeticè sigillatum,
aut potius est calor ille suauissimus qui ex vapore temperato lampadis,
circuit æqualiter vas, hic violentus non est, nisi nimium excitetur,
digerens est, alterans est, ex alio corpore quam à materia sumitur,
vnicus est, & etiam humidus, & innaturalis, &c. Tertius est ignis
ille naturalis aquæ nostræ, quæ vocatur etiam còntra naturam, quia
est aqua, & nihilominus ex auro facit merum spiritum, quod ignis
communis facere non potest, hic mineralis est, æqualis est, de sulphure
participat, omnia diruit, congelat, soluit ac calcinat, hic est penetrans,
subtilis, incomburens & est fons aquæ viuæ in quo se lauant Rex &
Regina, quo indigemus in toto opere, in principio, medio, & fine, alijs
verò duob. supradictis, non, sed tantum aliquando &c. Coniunge ergo in legendis libris philosophorum, hos tres ignes, & proculdubio in-
tellectus eorum de ignibus non te latebit.

Quoad colores, qui non nigrefacit, dealbare non potest, quia nigredo est albedinis principium, & signum putrefactionis, & altera-
tionis, & quod corpus punetratum & mortificatum iam est. Ergo in
hac putrefactione in hac aqua, primò apparet nigredo, sicut brodium
saginatum piperatum, secundò terra nigra continuò decoquendo, dealbatur, quia anima horum supernatat vt cremer albus, & in hac albedine vniuntur omnes spiritus sic quod denuò aufugere non possunt,
& ideo dealbandus est laton, & rumpendi libri ne còrda nostra
rumpantur, quia hæc albedo est lapis perfectus ad album & corpus no-
bile necessitate finis, & tinctura albedinis exuberantissimæ refle-
xionis & fulgidi splendoris, quæ non recedit à commixto corpore. Nota ergo hic, quod spiritus non figuntur nisi in albo colore, qui ideo nobilior est cæteris, & semper desiderabiliter expetenda, cum sit totius
operis quodammodo complementum: Terra enim nostra putrescit in nigrum, deinde mundatur in eleuatione, postea desiccata, nigredo recedit, & tunc dealbatur & perit tenebrosum dominium humidum
mulieris, tunc etiam fumus albus penetrat in corpus nouum, & spi-

esprits se resserrent en sa secheresse, & le corrompu, deformé, & noir par l'humidité, s'éuanouit, alors aussi le corps nouueau ressuscite, clair, blanc, & immortel, emportant la victoire de tous ses ennemis. Et comme la chaleur agissant sur l'humide engendre la noirceur, qui est la premiere couleur, de mesme en cuisant tousiours, la chaleur agissant sur le sec engendre la blancheur, qui est la seconde couleur, & puis apres engendre la citrinité & la rougeur agissant sur le pur sec, voila pour les couleurs.

Il nous faut donc sçauoir, que la chose qui a la teste rouge & blanche, les pieds blancs & puis rouges, & auparauant les yeux noirs, que cette seule chose est nostre magistere. Disons donc le Soleil & la Lune, en nostre eau dissoluente, qui leur est familiere, & amie, & de leur nature prochaine, qui leur est douce, & comme vne matrice, mere, origine, commencement & fin de vie, qui est la cause qu'il prennent amendement en cette eau, parce que la nature s'esiouit auec la nature, & que la nature contient la nature & auec icelle se conioint de vray mariage, & qu'ils se font vne nature seule, vn corps nouueau ressuscité & immortel. Et ainsi il faut conioindre, les consanguins auec les consanguins, alors ces natures se suiuent les vnes les autres, se putrefient, engendrent & s'éjouyssent, parce que la nature se regit par la nature prochaine & amie. Nostre eau donc (dit Danthin) est la fontaine belle, agreable, & claire, preparée seulement pour le Roy & la Reine, qu'elle connoist tres-bien, & eux elle, Car elle les attire à soy, & eux demeure en icelle à se lauer deux ou trois iours, c'est à dire deux ou trois mois, & les fait raieunir, & red beaux. Et parce que le Soleil & la Lune ont leur origine de cette eau leur mere, partant il faut que derechef ils entrent dans le ventre de leur mere, afin de renaistre de nouueau, & qu'ils deuiennent plus robustes, plus nobles, & plus forts. Et partant si ceux-cy ne meurent, & ne se conuertissent en eau, ils demeureront tous seuls & sans fruit; Mais s'ils meurent & se resoluent en nostre eau, ils apporteront vn fruit centiesme, & du lieu duquel il sembloit qu'ils eussent perdu ce qu'ils estoient, de ce mesme lieu ils apparoistront ce qu'ils n'estoient auparauant. Donc auec le Soleil & la Lune, fixez auec tresgrande subtilité l'esprit de nostre eau viue. Car ceux-cy conuertis en nature d'eau, ils meurent & sont semblables aux morts, toutefois de là puis apres inspirez ils viuent, croissent & multiplient comme toutes les autres choses vegetables. Il te suffit donc de disposer extrinsequement, suffisamment la matiere, car elle œuure suffisamment pour sa perfection en son interieur. Car la nature à en soy vn mouuement inherent certain, & selon la vraye voye, meilleur qu'aucun ordre qui puisse estre imaginé de l'homme. Partant toy prepare seulement, & la nature paracheuera. Car si elle n'est empes-

ritus

vitùs constringuntur in siccum atque corrumpens, deformatum, &
nigrum ex humido, euanescit, tunc etiam corpus nouum resuscitat clarum, album, ac immortale, ac victoriam ab omnibus inimicis reportat.
Et sicut calor agens in humido generat nigredinem primum colorem,
sic decoquendo semper, calor agens in sicco generat albedinem secundum colorem, & deinde citrinitatem & rubedinem agens in mero
sicco, & satis de coloribus. Sciendum igitur nobis est, quod res quæ
habet caput rubeum & album, pedes verò albos & postea rubeos,
& oculos antea nigros, hæc res tantum est magisterium. Dis-
solue ergo Solem & Lunam in aqua nostra dissolutiua, quæ illis est familiaris & amica, & de eorum natura proxima, illisque est
placabilis, & tanquam matrix, mater, origo, principium, & finis
vitæ, & ideo emendantur in hac aqua, quia natura lætatur natura,
& natura naturam continet, & vero matrimonio copulantur adinuicem & fiunt vna natura, vnum corpus nouum, resuscitatum immortale, sic oportet coniungere, consanguineos, cum consanguineis,
tunc istæ naturæ sibi obuiant, & se prosequuntur adinuicem, se putre-
faciunt, generant, & gaudere faciunt, quia natura per naturam regitur proximam & amicam. Nostra igitur aqua (inquit Dāthin) est
fons pulcher, amœnus, & clarus, præparatus solummodo pro Rege &
Regina quos ipse optime cognoscit, & hi illum, nam ipsos ad se attra-
hit & illi ad se lauandum in illo fonte remanent duos aut tres dies,
id est menses, et hos iuuenescere facit, et reddit formosos. Et quia Sol
et Luna sunt ab illa aqua matre, ideo oportet vt iterum ingredian-
tur vterum matris, vt renascantur denuo et fiant robustiores, nobi-
liores, et fortiores. Idcirco nisi hi mortui, conuersi fuerint in aquam,
ipsi soli manebunt, et sine fructu, si autem mortui fuerint et resoluti in
nostra aqua, fructum centesimum dabunt, et ex illo loco ex quo vide-
bantur perdidisse quod erant, ex illo apparebunt quod antea non erant.
Cum Sole ergo et Luna figatur maximo ingenio, spiritus aquæ nostræ viuæ, quia hi in naturam aquæ conuersi, moriuntur, et mortuis
similes videntur, inde postea inspirati viuunt, crescunt, et multi-
plicantur, sicut res omnes vegetabiles. Sufficiat ergo tibi materiam
sufficienter disponere extrinsecus, quoniam ipsa sufficienter intrin-
secus operatur ad sui perfectionem. Habet enim motum sibi inhæren-
tem secundum veram viam, et verum ordinem meliorem quam possit
ab homine ex cogitari Ideo tantum præpara, et natura perficiet, quia

E

chée par le contraire, elle ne paſſera pas ſon mouuement qu'elle à
certain, tant pour conceuoir que pour enfanter. Partant garde toy
donc ſeulement apres la preparation de la matiere, c'eſt à ſçauoir,
que tu n'échauffes trop le bain. Et pour le dernier, que tu ne laiſſes
fuïr les eſprits : Car ils affligeroient celuy qui trauailleroit, c'eſt
à dire, l'operation ſeroit deſtruite, & donneroient au Philoſophe
beaucoup d'infirmitez, c'eſt à dire, de triſteſſes & de coléres. De ce
deſſus eſt tiré cét axiome, c'eſt à ſçauoir, que par le cours de la nature, celuy ignore la conſtruction des metaux, qui ignore leur de-
ſtruction. Donc il te faut conioindre les parens, car les natures
trouuent les natures ſemblables, & en ſe purifiant ſe meſlent enſemble, voire ſe mortifient & reuiuifient. Il eſt donc neceſſaire de
connoiſtre cette corruption & generation, & comme les natures
s'embraſſent, & ſe pacifient au feu lent, comme la nature s'éjoüit
par la nature, comme la nature retient la nature, & la conuertit
en nature blanche. Apres cela, ſi tu veux rubifier, il te faut cuire ce
blanc en vn feu ſec continuel, iuſqu'à ce qu'il ſe rougiſſe comme le
ſang, lequel alors ne ſera autre choſe que feu & vraye teinture. Et
ainſi par le feu ſec continuel, ſe change corrige, & parfait la blancheur, ſe citriniſe, & acquiert la rougeur & vraye couleur fixe.
D'autant doncque plus ſe rouge ſe cuit, d'autant plus il ſe colore,
& ſe fait teinture de plus parfaite rougeur. Partant il faut par vn
feu ſec & par vne calcination ſeiche ſans humeur, cuire le compoſé, iuſqu'à ce qu'il ſoit veſtu de couleur tres-rouge, & qu'il ſoit parfait Elixir.

Si apres tu le veux multiplier, il te faut derechef reſoudre ce rouge en nouuelle eau diſſoluente, & puis derechef par decoction le
blanchit & rubifier par les degrez du feu, reiterant le premier regime. Diſſous, congele, reïtere, fermant la porte, l'ouurant & multipliant en quantité & qualité à ta volonté. Car par nouuelle corruption & generation, s'introduit de nouueau vn nouueau mouuement, & ainſi nous ne pourrions point trouuer la fin ſi nous vou-
lions touſiours trauailler par reïteration de ſolution & coagulation,
par le moyen de noſtre eau diſſoluante, c'eſt à dire, diſſoluant &
congelant comme il a eſté dit par le premier regime.

Et ainſi ſa vertu s'augmente & multiplie en quantité & qualité,
de ſorte que ſi en ta premiere œuure vne partie de ta pierre teignoit
cent, la ſeconde fois teindra mille, la troiſiéme dix mille, & ainſi ſi
tu pourſuis ta proiection viendra iuſques à l'infini, teignant vray-
ment & parfaitement & fixement toute quelle quantité que ce
ſoit, & ainſi par vne choſe de vil prix, on adiouſte la couleur, la
vertu & le poids. Donc noſtre feu & Azoth te ſuffit, cuis, cuis, reïtere, diſſous, congele, continuant ainſi à ta volonté, & multipliant

nisi natura fuerit impedita in contrarium, non præteribit motum suum
certum, tam ad concipiendum; quam ad parturiendum. Caue quocirca
tantum [post materiæ præparationem] ne igne nimio balneum incen-
datur; Secundo ne spiritus exhalet, quia læderet laborantem, id est, o-
perationem destrueret, & multas infirmitates induceret, id est, tristi-
tias, ac iras. Ex iam dictis patet hoc axioma, nempe eum ex cursu naturæ ignorare necessariò constructionem metallorum, qui ignorat de-
structionem. Oportet ergo coniungere consanguineos, quia naturæ
reperiunt suas consimiles naturas, & se putrefaciendo miscentur in
simul, atque se mortificant. Necesse est ideo hanc cognoscere corruptionem & generationem, & quemadmodum sese naturæ amplectun-
tur, & pacificantur in igne lento, quomodo natura lætetur natura,
& natura naturam retineat, & conuertat in naturam albam. Quod
si vis rubificare, oportet coquere album istud in igne sicco continuo
donec rubificetur vt sanguis, qui nihil erit aliud aquam ignis, et tinctura vera, & sic per ignem siccum continuum emendatur albedo,
citrinatur & acquirit rubedinem & colorem verum fixum. Quantò
ergo magis coquitur, magis coloratur, & fit tinctura intentioris ru-
bedinis. Quare oportet igne sicco, & calcinatione sicca, absque humore compositum coquere, donec rubicundissimo vestiatur colore, &
tunc erit perfectum Elixir.

Si postea velis illum multiplicare, oportet iteratò resoluere illud
rubeum in noua aqua dissolutiua, & iteratò coctione dealbare, &
rubificare per gradus ignis, reiterando primum regimem: Solue, gela,
reitera, claudendo, aperiendo, & multiplicando in quantitate &
qualitate ad tuum placitum: quia per nouam corruptionem & generationem, iterum introducitur nouus motus, & sic non possemus
adipisci finem, si semper operari vellemus per reiterationem solu-
tionis, & coagulationis mediante aqua nostra dissolutiua, id est,
dissoluendo & congelando, vt dictum est per primum regimem.
Et sic eius virtus augmentatur & multiplicatur in quantitate et qualitate, ita quod si in primo opere receperit centum, in secundo habebis
mille, in tertio decem millia, & sic prosequendo veniet proiectio tua
vsque ad infinitum, tingendo verè & perfectè, & fixè, omnem quan-
tamcumque quantitatem, & sic per rem vilis pretij, additur color
virtus & pondus. Ignis ergo noster & Azoth tibi sufficiunt, coque,
coque, reitera solue, gela, & sic continua, ad tuum placitum multipli-

tant que tu voudras, iusqu'à ce que ta medecine soit fusible comme la cire, & qu'elle aye la quantité & la vertu que tu defires. Partant, tout l'accompliffement de l'œuure, ou de noftre pierre feconde (note bien cecy) confifte en ce que tu prenne le corps parfait, que
tu mettras en noftre eau dans vne maifon de verre bien clofe, &
bouchée auec du ciment, afin que l'air n'y entre point, & que l'humidité dedans enclofe ne s'enfuye, que tu tiendras en la digeftion
de la chaleur douce & lente tres-temperée, femblable à celle d'vn
bain ou fumier, fur lequel auec le feu tu continueras la perfection
de la decoction iufqu'à ce qu'il fe pourriffe & foit refous en couleur
noire, & puis s'efleue, & fe fublime par l'eau, afin que par la il fe
nètoye de toute noirceur & tenebres, fe blanchiffe & fubtilife,
iufqu'à ce qu'il vienne en la derniere pureté de la fublimation, & fe
faffe volatil, & blanc dedans & dehors. Car le Vautour volant en
l'air fans aifles, crie afin de pouuoir aller fur le mont, c'eft à dire fur
l'eau, fur laquelle l'efprit blanc eft porté. Alors continuë ton feu
conuenable, & cet efprit, c'eft à dire cette fubtile fubftance du
corps & du Mercure, montera fur l'eau, laquelle quinte-effence eft
plus blanche que la neige, continuë encore, à la fin fortifiant le feu
iufques à ce que tout le fpirituel monte en haut. Car fçaches que
tout ce qui fera clair, pur, & fpirituel, montera en haut en l'air en
forme de fumée blanche, que les Philofophes appellent le lait de la
Vierge.

Il faut donc (comme difoit la Sybille) que de la terre le fils de la
Vierge foit exalté, & que la quinte-effence blanche aprés fa refurrection s'efleue deuers les cieux, & qu'au fonds du vaiffeau & de
l'eau demeure le gros & l'efpois, car puis aprés le vaiffeau refroidi tu
trouueras au bas les feces noires, arfes, & bruflées, feparées de l'efprit & de la quinte-effence blanche que tu dois ietter. En ce temps
l'argent vif plut de noftre air, fur noftre terre nouuelle, lequel eft
appellé argent vif fublimé par l'air, duquel fe fait l'eau vifqueufe,
nette & blanche, qui eft la vraye teinture feparée de toute fece noire, & ainfi noftre leton fe regit auec noftre eau, fe purifie & orne
de couleur blanche, laquelle couleur ne fe fait que par la decoction
& coagulation de l'eau. Cuis donc continuellement, ofte la noirceur
du laton, non auec la main, mais auec la pierre, ou le feu, ou auec
noftre eau Mercuriale feconde qui eft vne vraye teinture. Car cette feparation du pur de l'impur, ne fe fait point auec les mains,
d'autant que c'eft la nature feule qui la parfait veritablement, ouurant circulairement à la perfection. Donc il appert que cette compofition, n'eft point ouurage manuel, mais feulement vn changement de nature. Parce que la nature, elle mefme fe diffout, & conioint, fe fublime, s'efleue, & blanchit ayant feparé les feces. Et en telle
fublimation fe conioignent toufiours les parties plus fubtiles, plus-

cando, quantum volueris, & donec medicina tua fiat fusibilis, vt
cera & habeat quantitatem, & virtutem optatam. Est ergo totius
operis siue lapidis secundi, nota bene, complementum, vt sumatur corpus perfectum, quod ponas in nostra aqua in domo vitrea bene clausa,
& obturata cum cemento, ne aër intret, aut humiditas introclusa
exeat, in digestione lenis coloris veluti balnei, vel fimi temperatissi-
ma, & cum operis instantia assiduetur per ignem super ipsum perfectio decoctionis, quousque putrescat & resoluatur in nigrum, & postea eleuetur & sublimetur per aquam, vt mundetur per hoc ab omni nigredine & tenebris, & vt dealbetur & subtilietur, donec in
vltima sublimationis puritate deueniat, & vltimo volatile fiat, &
album reddatur intus & extra, quia Vultur in aëre sine alis volans
clamitat vt possit ire supra montem, id est, super aquam; super quam
spiritus albus fertur. Tunc continua ignem conuenientem, & spiritus ille, id est, subtilis substantia corporis & Mercurij, ascendet super aquam, quæ quinta essentia est niue candidior, & in fine continua
ad huc, et fortifica ignem, vt totum spirituale penitus ascendat: Scito-
te namque quod illud quod est clarum, purum, & spirituale, ascendit
in altum in aëra in modum fumi albi, quod lac Virginis appellatur.

Oportet ergo vt de terra [inquiebat Sybilla] exaltetur filius Virginis, & quinta substantia alba post resurrectionem eleuetur ver-
sus cælos, & in fundo vasis, & aquæ, remaneat grossum & spissum.
Vase de hinc infrigidato, reperies in fundo ipsius fæces nigras, arsas,
& combustas, separatas ab spiritu, et quintaessentia alba, quas proij-
ce. In his temporibus argentum viuum pluit ex aëre nostro super terram nouam, quod vocatur argentum viuum ex aëre sublimatum, ex
quo fiat aqua viscosa, munda, & alba, quæ est vera tinctura separata
ab omni fæce nigra, & sic æs nostrum regitur cum aqua nostra, puri-
ficatur, & albo colore decoratur, Quæ dealbatio non fit nisi decoctione, & aquæ coagulatione. Decoque ergo continuò, ablue nigredinem à latone, non manu, sed lapide, siue igné, siue aqua Mercuriali
nostra secunda, quæ est vera tinctura. Nam non manibus fit hæc separatio puri ab impuro, sed ipsa natura sola, circulariter ad perfectionem operando, verè perficit. Ergo patet quod hæc compositio non est
manualis operatio, sed naturarum mutatio, quia natura seipsam dissoluit & copulat, seipsam sublimat eleuat, & albescit, separatis fæcibus. Et in tali sublimatione coniunguntur partes subtiliores magis

pures, & essentielles, d'autant que quand la nature ignée esleue les plus subtiles, elle esleue tousiours les plus pures, & par consequent laisse les plus grosses. Partant il faut par vn feu mediocre continuel, sublimer en la vapeur, afin que la pierre s'inspire en l'air, & puisse viure. Car la nature de toutes les choses, prend vie de l'insperation de l'air, & ainsi aussi tout nostre magistere consiste en vapeur & sublimation de l'eau. Il faut donc esleuer nostre leton par les degrez du feu, & qu'il monte en haut librement de soy mesmes, sans violence, partant si le corps par le feu & l'eau n'est attenué & subtilisé iusqu'à ce qu'il monte ainsi qu'vn esprit, ou comme l'argent vif fuyant, ou comme l'ame blanche separée du corps, & emportée en la sublimation des esprits, il ne se fait rien en cet art. Toutefois luy montant ainsi en haut, il naist en l'air, & se change en air, se faisant vie auec la vie, estant entierement spirituel & incorruptible. Et ainsi par tel regime, le corps se fait esprit de subtile nature, & l'esprit s'incorpore auec le corps, & se fait vn auec iceluy. Et en cette sublimation, conionction & esleuation, toutes choses se font blanches. Donc cette sublimation Philosophique & naturelle est necessaire, qui compose la paix entre le corps & l'esprit, ce qui ne se peut faire autrement, que par cette separation de parties. Voila pourquoy il faut sublimer tous les deux, afin que le pur monte, & l'impur & terrestre descende en la turbation & tempeste de la mer fluctueuse. Partant il faut cuire continuellement, afin que la matiere deuienne en subtile nature, & que le corps attire à soy l'ame blanche Mercurielle qu'elle retient naturellement, & ne la laisse point separer de soy, parce qu'elle luy est égalle en proximité de nature premiere, pure, & simple. Il conste de cecy, qu'il faut par la decoction faire la separation iusqu'à ce que rien ne demeure plus de la graisse de l'amé, qui ne soit esleué & exalté en la superieure partie, car ainsi les deux seront reduits à vne simple égalité & simple blancheur. Donc le Vautour volant par l'air, & le Crapaut marchant sur terre, est nostre magistere. Partant, quand tu separeras doucement auec grand esprit la terre de l'eau, c'est à dire du feu, & le subtil de l'espois, montera de la terre au Ciel, ce qui sera pur, & ce qui sera impur descendra en la terre, & la plus subtile partie prendra en haut la nature de l'esprit, & en bas la nature du corps terrestre. Et partant esleue par cette operation la nature blanche auec la plus subtile partie du corps, laissant les feces, ce qui se fait bien tost : Car l'ame est aidée par son associée, & par icelle parfaite. Ma mere (dit le corps) m'a engendré, & par moy elle s'engendre. Toutefois apres qu'elle a pris la volée, elle est pleine d'autant de pieté qu'on sçauroit desirer, cherissant & nourrissant son fils qu'elle a engendré, iusqu'à ce qu'il soit paruenu à l'estat parfait : Or escoute ce secret, garde le corps en

puræ & essentiales; quia natura ignea cum eleuat partes subtiliores, magis puras semper eleuat, ergo dimittit grossiores. Quare oportet igne mediocri continuo in vapore sublimare, vt inspiretur ab aëre & possit viuere. Nam omnium rerum natura, vitam ex aëris inspi-
ratione recipit, sic etiam totum magisterium nostrum consistit in
vapore, & aquæ sublimatione. Oportet igitur æs nostrum per gradus ignis eleuari, & quod per se sine violentia ascendat libere, ideoque nisi corpus igne & aqua diruatur, æs attenuetur quousque ascendat vt spiritus, aut vt argentum viuum scandens, vel etiam vt anima alba à corpore separata, & in spirituum sublimatione delata, nihil
fit; eo tamen ascendente, in aëre nascitur, & in aëre vertitur, fitque
vita cum vita, & omnino spirituale et incorruptibile. Et sic in tali
tegimine corpus fit spiritus de subtili natura, et spiritus incorporatur
cum corpore, & fit vnum cum eo, et in tali sublimatione, coniun-
ctione, et eleuatione omnia fiunt alba. Ergo necessaria est hæc sublimatio philosophica, et naturalis, quæ componit pacem inter corpus
et spiritum, quod est impossibile aliter fieri, nisi in has partes sepa-
rentur. Idcirco oportet vtrumque sublimare vt purum ascendat, et impurum, et terrenosum descendat, in turbatione maris procellosi. Quare oportet decoquere continuò, vt ad subtilem deducatur naturam, et
quousque corpus assumat & atrahat animam albam Mercurialem,
quam retinet naturaliter, nec dimittit eam à se separari, quia sibi
compar est in propinquitate natura primæ, puræ & simplicis. Ex his
oportet per decoctionem separationem exercere, vt nihil de pinguedine
animæ remaneat quod non fuerit eleuatum et exaltatum in superiori
parte, et sic vtrumque erit reductum ad æqualitatem simplicem, et ad
simplicem albedinem. Vultur ergo volans per aërem, et Bufo gradiens
per terram, est magisterium Ideo quando separabis terram ab aqua, id
est, ab igne, et subtile ab spisso, suauiter cum magno ingenio, ascendet
à terra in cælum quod erit purum, & descendet in terram quod eris
impurum; & recipiet subtilior pars in superiori loco naturam spiritus, in inferiori verò naturam corporis terrei. Quare eleuetur per ta-
lem operationem natura alba cum subtiliori parte corporis, relictis fæcibus, quod fit breui tempore. Nam anima cum sua adiuuatur socia, &
per eam perficitur, Mater (inquit corpus) me genuit, et per me gignitur
ipsa, postquam autem ab ea accepi volatum, ipsa meliori modo quo potest fit pia fouens et nutriens filium, quem genuit donec ad statū deue-

noſtre eau Mercuriale, iuſqu'à ce qu'il monte en haut auec l'ame blanche, & que le terreſtre deſcende en bas, qui eſt appellé la terre reſtante, alors tu verras l'eau ſe coaguler auec ſon corps, & ſeras aſ-ſeuré que la ſcience eſt vraye, parce que le corps coagule ſon hu-meur en ſiccité, comme le lait caillé de l'agneau, coagule le lait en fromage, en cette façon l'eſprit penetrera le corps, & la commix-tion ſe fera parfaitement, & le corps attirera à ſoy ſon humeur, c'eſt-à-dire, ſon ame blanche, de meſme que l'aymant attire le fer à cauſe de la ſimilitude & proximité de leur nature, & ſon auidité, & alors l'vn contiendra l'autre, & cecy eſt noſtre ſublimation & coa-gulation, qui retient toute choſe volatile, & fait qu'il n'y à plus de fuite. Donc cette compoſition, n'eſt point vne operation de mains, mais (comme i'ay dit) c'eſt vn changement de natures, & vne con-nexion & liaiſon admirable du froid auec le chaud, & de l'humide auec le ſec. Car le chaud ſe meſle auec le froid, le ſec auec l'humide, ainſi par ce moyen ſe fait commixtion & conionction du corps & de l'eſprit, qui eſt appellée la conuerſion des natures contraires: Car en telle ſolution & ſublimation, l'eſprit eſt conuerty en corps, & le corps en eſprit, ainſi donc meſlées enſemble & reduites en vn les natures ſe changent les vnes les autres, parce que le corps in-corpore l'eſprit, & l'eſprit change le corps en eſprit teint & blanc. Et partant (& voicy la derniere fois que ie te le diray) decuis-le en noſtre eau blanche, c'eſt à dire, dans du Mercure, iuſqu'à ce qu'il ſoit diſſous en noirceur, puis apres par decoction continuelle, ſa noirceur ſe perdra, & le corps ainſi diſſous à la fin, montera auec l'ame blanche, & alors l'vn ſe meſlera dans l'autre, & s'embraſſe-ront de telle façon qu'ils ne pourront iamais plus eſtre ſeparez, & alors auec vn réel accord l'eſprit s'vnit auec le corps, & ſe font per-manens, & cecy eſt la ſolution du corps & coagulation de l'eſprit qui ont vne meſme & ſemblable operation. Qui ſçaura donc ma-rier, engroſſer, mortifier, putrifier, engendrer, viuifier les eſpeces, donner la lumiere blanche, & nettoyer le Vautour de ſa noirceur & tenebres iuſqu'à ce qu'il ſoit purgé par le feu, coloré, & purifié de toutes macules, il ſera poſſeſſeur d'vne ſi grande dignité, que les Roys luy feront grand honneur.

Et partant, que noſtre corps demeure en l'eau iuſques à ce qu'il ſoit diſſous en poudre nouuelle au fonds du vaiſſeau & de l'eau, la-quelle eſt appellée cendre noire, & cela eſt la corruption du corps, qui par les Sages eſt appellée Saturne, Leton, Plomb des Philoſo-phes, & la poudre diſcontinuée. Et en cette putrefaction & reſolu-tion du corps, aparoiſtront trois ſignes, c'eſt à ſçauoir, la couleur noi-re, la diſcontinuité & ſeparation des parties, & l'odeur puante, qui eſt ſemblable à celle des ſepulchres. Cête cendre donc eſt celle là de la-

nerit perfectum. Audi hoc secretum, Custodi corpus in aqua nostra Mercuriali, quousque ascendat cum anima alba, & terreum descendat ad imum, quod vocatur terra residua, tunc videbis aquam coagulare seipsam cum suo corpore, & ratus eris scientiam esse veram, quia corpus suum coagulat humorem in siccum, sicut coagulum agni, lac coagulat in caseum, & sic spiritus penetrabit corpus, & commixtio fiet per minima, & corpus attrahat sibi humorem suum, id est, animā albam, quemadmodum Magnes ferrum propter naturæ suæ propinquitatem; & naturam auidam, & tunc vnum continet alterum, & hæc est sublimatio & coagulatio nostra, omne volatile retinens, quæ facit fugam perire. Ergo hæc compositio non est manualis operatio, sed [vt dixi) naturarum mutatio, & earum frigidi cum calido, & humidi cum sicco admirabilis connexio Calidum enim miscetur frigido, et siccum humido, hoc etiam modo fit mixtio, & coniunctio corporis & spiritus, quæ vocatur conuersio naturarum contrariarum, quia in tali dissolutione, & sublimatione spiritus conuertitur in corpus, & corpus in spiritum sic etiam mixta, & in vnum redacta se inuicem vertunt; nam corpus incorporat spiritum, spiritus verò, corpus vertit in spiritum tinctum & album. Quare vltima vice (inquam] decoque in nostra aqua alba, id est, in Mercurio, donec soluatur in nigredinem, deinde per decoctionem continuam priuabitur à sua nigredine, & corpus sic solutum tandem ascendet cum anima alba, & tunc vnum alteri commiscetur, & se amplectentur, sic quod non poterunt adinuicem amplius separari, & tunc cum reali concordantia, vnitur spiritus cum corpore, & fiunt vnum permanens, & hæc est solutio corporis, & coagulatio spiritus quæ vnam, & eandem habent operationem. Qui ergo nouerit ducere, prægnantem facere, mortificare, putrefacere, generare, species viuificare, lumen album inducere, & mundare Vulturem à nigredine, & tenebris, quousque igne purgetur, & coloretur, & à maculis vltimis purificetur, adeo maioris dignitatis erit possessor, vt Reges eum venerentur.

Quare maneat corpus in aqua donec soluatur, in puluerem nouum, in fundo vasis & aquæ, qui dicitur cinis niger, & hæc est corruptio corporis quæ vocatur à sapientibus Saturnus, Æs, Plumbum philosophorum, & Puluis discontinuatus. Et in tali putrefactione, & resolutione corporis tria signa apparent, scilicet color niger, discontinuitas partium, & odor fœtidus qui assimilatur odori sepulchrorum. Est

F

quelle les Philofophes ont tant parlé, qui eſt reſtée en l'inferieure
partie du vaiſſeau, que nous ne deuons pas mépriſer, car en icelle
eſt le Diadeſme de noſtre Roy, & l'argent vif, noir & immonde, duquel on doit oſter la noirceur en la décuiſant continuellement en
noſtre eau, iuſqu'à ce qu'il s'eſleue en haut en couleur blanche, qui
eſt appellée l'Oye & le Poulet d'Hermogénes. Donc qui oſte la noirceur de la terre rouge, & puis la blanchiſt, il a le magiſtere, tout de
meſme que celuy qui tuë le viuant, & reſſuſcite le mort. Blanchis
donc le noir, & rougis le blanc, afin que tu paracheues l'œuure. Et
quand tu verras apparoiſtre la vraye blancheur reſplandiſſante comme le glaiue nud, ſçache que la rougeur eſt cachée en icelle, alors il
ne te faut point tirer hors du vaiſſeau cette poudre blanche, mais
ſeulement il te faut rouſiours cuire, afin qu'auec la calidité & ſiccité, ſuruienne finalement la citrinité, & la rougeur tres-eſtincelante,
laquelle voyant auec vne grande terreur, tu loüeras à l'inſtant le
Dieu tres-bon, & tres-grand, qui donne la ſageſſe à ceux qu'il veut,
& par conſequent les richeſſes, & ſelon l'iniquité des perſonnes les
leur oſte, & ſouſtrait perpetuellement, les plongeant en la ſeruitu-
de de leurs ennemis. Auquel ſoit loüange, & gloire, aux ſiecles des
ſiecles. Ainſi ſoit-il.

FIN.

igitur ille cinis de quo philosophi tanta dixere, qui in inferiori parte
vasi remansit, quem non debemus vilipendere, in eo enim est Diadema
Regis, & Argentum viuum nigrum, immundum à quo nigredinis debet fieri purgatio, decoquendo continuo in nostra aqua donec eleuetur
sursum in album colorem, qui vocatur Anser, & Pullus Hermoge-
nis. Quia qui terram rubeam denigrat & albam reddit, habet magisterium, vt etiam ille qui occidit viuum, & resuscitat mortuum.
Dealba ergo nigrum, & rubefac album, vt perficias opus : & cum
videris albedinem apparere veram, quæ splendet sicut gladius denu-
datus, scias quod rubor in ista albedine est occultus. Ex tunc non oportet illam albedinem extrahere, sed coquere tantum, vt cum siccitate,
& caliditate superueniat citrinitas, & rubedo fulgentissima, quam
cum videris cum tremore maximo laudabis Deum optimum maximum, qui cui vult sapientiam dat, & per consequens diuitias, & secundum iniquitates eripit, ac in perpetuum subtrahit, detrudendo in
seruitutem inimicorum, cui laus, & gloria, in secula seculorum.
Amen.

FINIS.

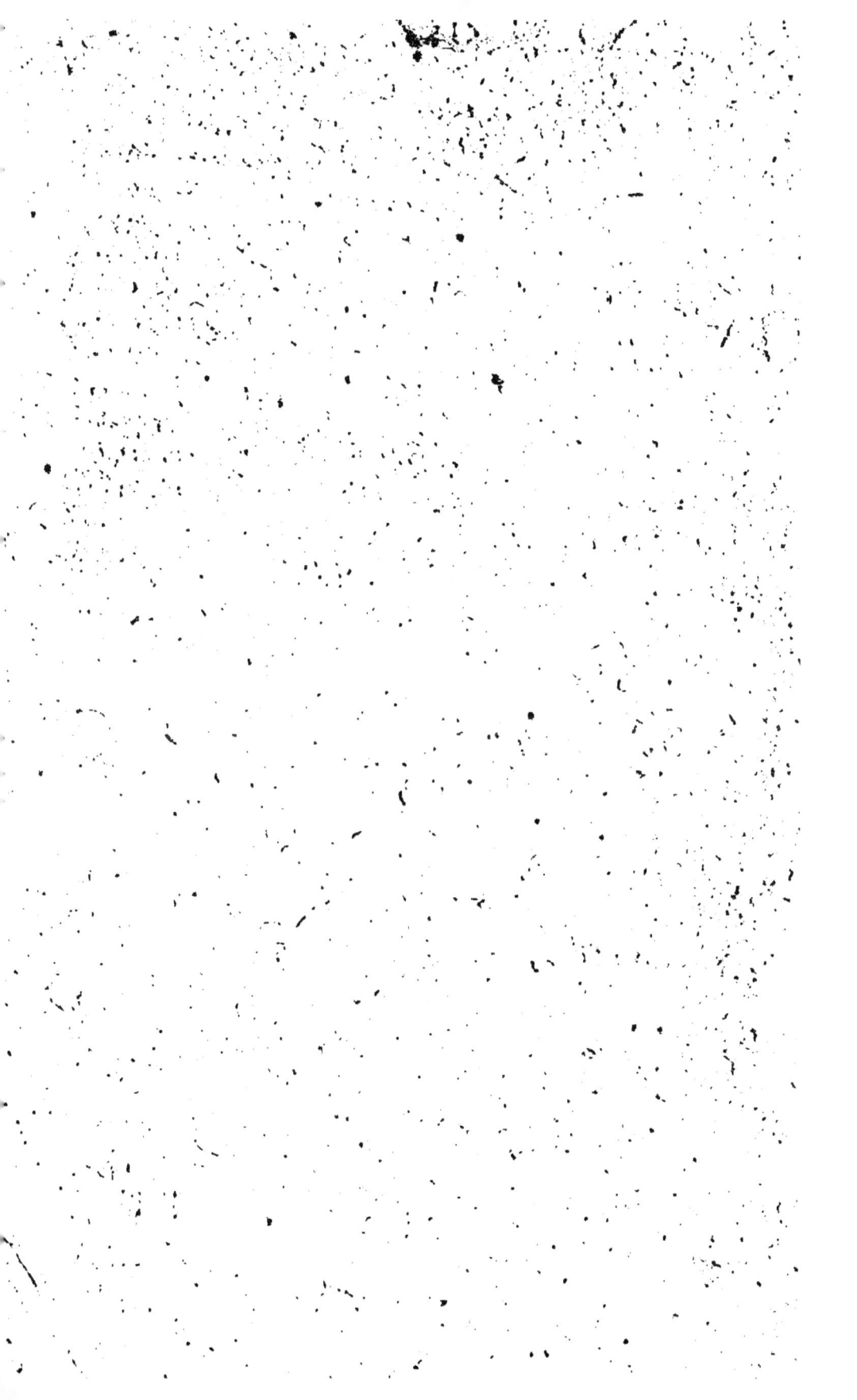

LE LIVRE.
DES FIGVRES

HIEROGLIFIQVES DE NICOLAS

FLAMEL ESCRIVAIN, AINSI QV'ELLES
font en la quattiéme Arche du Cymetiere
des Innocens à Paris, entrant par la porte, ruë
faint Denis, deuers la main droitte, auec l'explication d'icelles par ledit FLAMEL, traittant
de la tranfmutation metallique, non iamais
imprimé.

TRADVIT DE LATIN EN FRANCOIS
par P. ARNAVLD fieur de la Cheualerie,
Gentil-homme Poicteuin.

AV LECTEVR,

SALVT.

IE t'euſſe (amy Lecteur) donné ces commentaires auſſi bien Latins François, que i'ay fait ARTE-PHIVS, mais à cauſe des diuerſes figures qu'il faut ſouuent repreſenter, ie n'ay peu te les bailler qu'en vne langue. Car il euſt eſté groſſier de mettre les figures en tous les deux textes Latins & François, ou de n'en mettre qu'en vn. Et n'en mettant qu'en vn, les figures occupans l'eſpace, euſſent empeſché que le Latin & François ne ſe fuſſent pas bien rencontrez aux fueillets, i'ay donc eſté contraint de te les bailler en cette-cy ſeulement. Or i'ay choiſi la Françoi-ſe, afin que premierement tous bons François les puiſſent entendre librement, & par ainſi ſe retirer de leurs erreurs & deſpences, l'autre, afin que ce Liure ne coure point aux nations eſtrangeres qui en ſont tres-curieuſes, à comparai-ſon de la Françoiſe. Que ſi ie voy que tu y prenne plaiſir, ie te les donneray auſſi en Latin auec l'Hiſtoire du Iardin des Heſperides, compoſée par Lorthulain, tres-graue & tres-docte Autheur, laquelle auec ceux-cy, i'ay par grandes ſommes de denieri, recouurée de mains tres-curieuſes, & qui les ont iuſqu'à maintenant conſeruées auſſi cheres, que la pierre meſme, auſſi ces Autheurs cy, ſur tous les autres, ne ſont point enuieux. Adieu.

FIGVRES

NICOLAS FLAMEL, ET PER
RENELLE SA FEMME.

COMMENT LES. INNOCENS FV
RENT OCCIS PAR LE COMMAN
DEMENT DV ROY HERODES.

Loüé soit eternellement le Seigneur mon Dieu, qui esleue l'humble de la basse pouldriere, & faict esiouyr le cœur de ceux qui esperent en luy, Qui ouure aux croyans auec grace les sources de sa benignité, & met sous leurs pieds les cercles mondains, de toutes les felicitez terriennes. En luy soit tousiours nostre esperance, en sa crainte nostre felicité, en sa misericorde la gloire de la reparation de nostre nature, & en la priere nostre seureté inesbranlable. Et toy, ô Dieu tout-puissant, comme ta benignité a daigné d'ouurir en la terre deuant moy (ton indigne serf) tous les tresors des richesses du monde, qu'il plaise à ta grande clemence, lors que ie ne seray plus au nombre des viuans, de m'ouurir encor les tresors des Cieux, & me laisser contempler ton diuin visage, dont la Maiesté est un delice inesnarrable, & dont le rauissement n'est iamais monté en cœur d'homme viuant. Ie te le demande, par le Seigneur Iesus-Christ ton Fils bien-aymé, qui en l'Vnité du Saint Esprit vit auec toy au siecle des siecles. Ainsi soit-il.

L'EXPLICATION DES FIGVRES

Hierogliphiques mises par moy NICOLAS FLAMEL Escriuain, dans le Cimetiere des Innocens en la quatriesme Arché, entrant par la grande porte ruë sainct Denis, & prenant la main droicte.

AVANT-PROPOS.

Ncore que moy NICOLAS FLAMEL, Escriuain & habitant de Paris, en cette année mil trois cens quatre-vingts & dix-neuf, & demeurant en ma maison en la ruë des Escriuains, prés la Chappelle S. Iacques de la Boucherie, encor, dis-ie, que ie n'aye appris qu'vn peu de Latin, pour le peu de moyens de mes parens, qui neantmoins estoient par mes enuieux, mesmes estimez gens de bien: Si est-ce que [par la grande grace de Dieu, & intercession des benoists Saincts & Sainctes de Pa-

radis, principalement de Monsieur saint Iacques de Gali-
ce,]ie n'ay pas laissé d'entendre au long les liures des Philosophes, & d'apprendre en iceux leurs tant occultes secrets.
C'est pourquoy il ne sera iamais momēt en ma vie, me sou-
uenant de ce haut bien, qu'à genoux [si le lieu le permet]
ou bien dans mon cœur, de toute mon affection, ie n'en
rende graces à ce Dieu tres-benin; qui ne delaisse iamais
l'enfant du iuste mendier par les portes, & qui ne deffraude
point ceux qui esperent entierement en sa benediction,
Donc moy, NICOLAS FLAMEL Escriuain, ainsi qu'a-
pres le deceds de mes parens ie gagnois ma vie en nostre
Art d'Escriture, faisant des Inuentaires, dressant des com-
ptes, & arrestant les despenses des tuteurs & mineurs, il me
tomba entre les mains pour la somme de deux florins, vn
liure doré fort vieux, & beaucoup large, il n'estoit point en
papier ou parchemin, comme sont les autres, mais seulement il estoit fait de deliées escorces, [comme il me sembloit] de tendres arbrisseaux. Sa couuerture estoit de cuiure
bien délié, toutes grauées de lettres ou figures estranges, &
quant à moy, ie croy qu'elles pouuoient bien estre des ca-
racteres Grecs, ou d'autre semblable langue ancienne. Tant
y a que ie ne les sçauois pas lire, & que ie sçay bien qu'elles
n'estoient point notés, ny lettres Latines ou Gauloises, Car
nous y entendons vn peu. Quant au dedans, ses fueilles d'é-
corce estoient grauées, & d'vne tres-grande industrie, écri-
tes auec vne pointe de fer, en belles & tres-nettes lettres
Latines colorées. Il contenoit trois fois sept fueillets, car
iceux estoient ainsi contez au haut du fueillet, le septiesme
desquels estoit toufiours sans escriture, au lieu de laquelle il
y auoit peint vne Verge, & des Serpens s'engloutissans, au
second septiéme, vne Croix, ou vn Serpent estoit crucifié,
au dernier septiéme, estoient peints des deserts, au milieu
desquels couloient plusieurs belles fontaines, dont sortoiēt
plusieurs Serpens, qui couroient par-cy, & par-là. Au premier des fueillets, il y auoit escrit en Lettres grosses capitales dorées. ABRAHAM LE IVIF, PRINCE, PRES-
TRE LEVITE, ASTROLOGVE, ET PHILOSO-
PHE,

PHE, A LA GENT DES IVIFS PAR LI-
RE DE DIEV, DISPERSEE AVX GAV-
LES, SALVT. D. I. Apres cela il eſtoit remply de
grandes execrations & maledictions, (auec ce mot, MA-
RANATHA, qui y eſtoit ſouuent repeté,)contre toute
perſonne qui ietteroit les yeux ſur iceluy, s'il n'eſtoit Sacri-
ficateur ou Scribe.

Celuy qui m'auoit vendu ce liure ne ſçauoit pas ce qu'il
valloit, auſſi peu que moy quãd ie l'acheptay. Ie croy qu'il
auoit eſté deſrobe aux miſerables Iuifs, ou trouué quelque
part caché dans l'ancien lieu de leur demeure. Dans ce liure
au ſecond fueillet ; il conſoloit ſa nation, la conſeillant de
fuyr les vices, & ſur tout l'Idolatrie, attendant le Meſſie ad-
uenir auec douce patience, lequel vaincroit tous les Rois de
la terre, & regneroit auec ſa gent en gloire eternellement.
Sans doute, ſçauoir eſté vn homme fort ſçauant. Au troiſieſme, & en tous les autres ſuiuans eſcrits, pour ayder ſa cap-
tiue nation à payer les tributs aux Empereurs Romains, &
pour faire autre choſe, que ie ne diray pas, il leur enſeignoit
le tranſmutation metallique en parolles cómunes, peignoit
les vaiſſeaux au coſté, & aduertiſſoit des couleurs & de tout
le reſte, ſauf du premier agent duquel il n'en diſoit mot, mais
bien (comme il diſoit au quatrieſme & cinquieſme fueillets
entiers)il le peignoit, & figuroit par tres-grand artifice, Car
encor qu'il fuſt bien intelligiblement figuré & peint; Toutesfois aucun ne l'euſt ſçeu comprendre ſans eſtre fort auan-
cé en leur Cabale traditiue,& ſans auoir bié eſtudié les liures.
Donc le quatrieſme & cinquieſme fueillet eſtoit ſans eſcriture, tout remply de belles figures enluminées, ou comme
cela, car ceſt ouurage eſtoit fort exquis. Premierement, il
peignoit vn ieune Homme auec des aiſles aux talons, ayãt
vne Verge Caducé en main, entortillée de deux Serpẽs, de
laquelle il frapoit vne ſalade qui luy couuroit la teſte, Il
ſembloit, a mon petit aduis, le Dieu Mercure des Payens,
contre iceluy venoit courant & volant à aiſles ouuerts, vn
grand Vieillard ; lequel ſur ſa teſte auoit vn horloge atta-
ché, & en ſes mains vne faux comme la mort, de laquelle

G

terrible & furieux il vouloit trancher les pieds à Mercure.

A l'autre face du fueillet quatriesme, il peignoit vne belle Fleur en la sommité d'vne montagne tres-haute, que l'Aquilon esbranloit fort rudement, elle auoit le pied bleu, les fleurs blanches & rouges, les fueilles reluisantes comme l'or fin, à l'entour de laquelle les Dragons & Griffons Aquiloniens faisoient leur nid & demeurance. Au cinquiesme fueillet y auoit vn beau Rosier fleury au milieu d'vn beau jardin, eschelant contre vn Chesne creux, au pied desquels boüillonnoit vne Fontaine d'eau tres-blanche, qui s'alloit precipiter dans les abysmes, passant neantmoins premiere-ment, entre les mains d'infinis peuples qui fouilloient en terre, la cherchant: mais par ce qu'ils estoient aueugles, nul ne la connoissoit, fors quelqu'vn, considerant le poids.

Au dernier reuers du cinquiesme, il y auoit vn Roy auec vn grand coutelas, qui faisoit tuer en sa presence par des sol-dats, grande multitude de petits enfans, les meres desquels pleuroient aux pieds des impitoyables gendarmes, le sang desquels petits enfans, estoit puis apres recueilly par d'au-tres soldats, & mis dans vn grand vaisseau, dans lequel le So-leil & la Lune du Ciel se venoient baigner. Et parce que ce-ste histoire representoit la plus part de celle des Innocens occis par Herode, & qu'en ce liure cy i'ay apris la plus part de l'art, ça esté vne des causes que i'ay mis en leur Cyme-tiere ces Symboles Hieroglifiques de cette secrette science. Voila ce qu'il y auoit en ces cinq premiers fueillets. Ie ne re-presenteray point ce qui estoit escrit en beau, & tres-intelli-gible Latin en tous les autres fueillets escrits: Car Dieu me puniroit, d'autant que ie commetrois plus de mechanceté que celuy (comme on dit) qui desiroit que tous les hommes du monde n'eussent qu'vne teste, & qu'il la peut coupper d'vn seul coup. Donc ayant chez moy ce beau liure, ie ne faisois nuict & iour qu'y estudier, entendant tres-bien toutes les o-perations qu'il demonstroit, mais ne sçachant point auec qu'elle matiere il falloit commencer, ce qui me causoit vne grande tristesse, me tenoit solitaire, & faisoit soupirer à tout moment. Ma femme Petrenelle que i'aymois autant que moy-meſme, laquelle i'auois eſpouſé depuis peu, eſtoit toute eſtonnée de cela, me conſolant & demandant de tout ſon courage, ſi elle me pourroit deliurer de faſcherie. Ie ne peus iamais tenir ma langue, que, ne luy diſſe tout, & ne luy monſtraſſe ce beau liure, duquel, à meſme inſtant qu'elle l'euſt veu, elle fuſt autant amoureuſe que moy-meſme, prenant vn extreſme plaiſir de contempler ces belles couuertures, graueures, images, & pourtraicts, auſquelles figures elle entendoit auſſi peu que moy. Touteſfois ce m'eſtoit vne grande conſolation d'en parler auec elle, & de m'entretenir, qu'eſt-ce qu'il faudroit faire pour auoir l'interpretation d'icelles. En fin ie fis peindre le plus au naturel que ie peus, dâs mon logis toutes ces figures & pourtraicts du quatrieſme, & cinquieſme fueillet que ie monſtray à Paris à pluſieurs grands Clers qui n'y entendirent iamais plus que moy. Ie les aduertiſſois meſmes, que cela auoit eſté trouué dans vn liure qui enſeignoit la pierre Philoſophale, mais la plus part d'iceux ſe moquerêt de moy, & de la benite pierre, fors vn appellé Maiſtre Anſeaulme, qui eſtoit licentié en Medecine, lequel eſtudioit fort en cette ſcience. Iceluy auoit grande enuie de voir mon liure, & n'y euſt choſe qu'il ne fiſt pour le voir, mais touſiours ie l'aſſeuray que ie ne l'auois point, bien luy fiſ-ie vne grande deſcriptiõ de ſa methode. Il diſoit, que le premier portraict repreſentoit le têps qui deuoroit tout, & qu'il falloit l'eſpace de ſix ans, ſelon les ſix fueillets eſcrits, pour parfaire la pierre, ſouſtenoit qu'alors il falloit tourner l'horloge, & ne cuire plus. Et quand ie luy diſois que cela n'eſtoit peint que pour demonſtrer, & enſeigner le premier agent [comme eſtoit dit dans le liure] il reſpondoit que cette coction de ſix ans, eſtoit comme vn ſecond agent. Que veritablement le premier agent y eſtoit peint, qui eſtoit l'eau blanche & peſante, qui ſans doute eſtoit le vif argent, que l'on ne pouuoit fixer, ny à iceluy couper les piéds, c'eſt à dire, oſter ſa volatilité, que par cette lõgue decoction dans vn ſang tres-pur de ieunes enfans, que dans iceluy, ce vif argent ſe conioignant auec l'or & l'argent ſe conuertiſſoit premierement auec eux en vne herbe ſemblable à celle qui eſtoit peinte, puis apres par corruption en Serpens, leſquels eſtans apres entierement aſſechez, & cuiz par le feu, ſe reduiroient en poudre d'or qui ſeroit la pierre. Cela fuſt cauſe que durant le long eſpace de vingt-vn an ie fis mille brouilleries, non toutesfois auec le ſang, ce qui eſt mechant & vilain. Car ie trouuois dans mon liure, que les Philoſophes appelloient ſang, l'eſprit mineral qui eſt dans les metaux, principalement dans le Soleil, la Lune, & Mercure, à l'aſſemblage deſquels ie tendois touſiours, auſſi ces interpretations, pour la plus part eſtoient plus ſubtiles, que veritables. Ne voyant donc iamais en mon operation les ſignes au temps eſcript dans mon liure, i'eſtois touſiours à recommancer. En fin ayant perdu eſperance de iamais cóprendre ces figures, pour le dernier ie fis vn vœu à Dieu, & à Monſieur S. Iacques de Gallice, pour demander l'interpretation d'icelles, à quelque Sacerdot Iuif, en quelque Synagógue d'Heſpaigne. Donc auec le conſentement de Perrenelle, portant ſur moy l'extraict d'icelles, ayant pris l'habit & le bourdon, en la meſme façon qu'on me peut voir au dehors de cette meſme Arche, en laquelle ie mets ces figures Hieroglifiques, par dedans le Cymetiere, où i'ay auſſi mis contre la muraille d'vn & d'autre coſté, vne proceſſion en laquelle ſont repreſentées par ordre toutes les couleurs de la pierre, ainſi qu'elles viennent & finiſſent, auec cette eſcriture Françoiſe.

    Moult plaiſt à Dieu proceſſion
    S'elle eſt faite en deuotion.

(Ce qui eſt quaſi le cómencemét du liure du Roy Herculés, traictant des couleurs de la pierre, intitulé, l'iris, en ces termes, *Operis proceſſio multum Naturæ placet, &c.* Que i'ay mis là tout expres pour les grands Clercs qui entendront l'alluſion.) Donc en cette meſme façon, ie me mis en chemin, & tant fis que i'arriuay à Montjoye, & puis à Sainct Iacques où auec grande deuotion i'accomplis mon vœu. Cela fait dans Leon, au retour ie rencontray vn Marchand de Boulógne qui me fit connoiſtre à vn Medecin Iuif de nation, & lors Chreſtien, demeurant audit Leon, lequel e-

ſtoit fort ſçauant en ſciences ſublimes, appellé Maiſtre Can-
ches, Quãd ie luy eus mõſtré les figures de mõ extraiĉt, raui
de grand eſtonnement&ioye, il me demanda incontinent ſi
ie ſçauois nouuelles ou liure, duquel elles eſtoient tirées. Ie
luy reſpondis en Latin, comme il m'auoit interrogé, Que
i'auois eſperance d'en auoir de bónes nouuelles, ſi quelqu'vn
me déchiffroit ces Enigmes. Tout à l'inſtant emporté de
grande ardeur & ioye, il commença de m'en deſchiffrer le
commencement. Or pour n'eſtre long, luy tres-content
d'apprendre des nouuelles ou eſtoit ce liure, & moy de l'en
ouyr parler.(Et certes il en auoit ouy diſcourir biẽ au long,
mais comme d'vne chôſe qu'on croyoit entieremẽt perdüe,
cóme il diſoit) nous reſolumes noſtre voyage, & de Leon
paſſames à Ouiédo, & de là à Sanſon ou nous nous miſmes
ſur mer pour venir en France. Noſtre voyage auoit eſté aſſez heureux, & deſia depuis que nous eſtions entrées en ce
Royaume, il m'auoit tres veritablement interpreté la plus
part de mes figures, oú iuſques meſmes aux points, il trou-
uoit de grands miſteres, (ce que ie trouuois fort merueil-
leux,) quand arriuans à Orleans, ce doĉte homme tomba
extrememement malade, affligé de tres-grands vomiſſemens
qui luy eſtoient reſtez de ceux qu'il auoit ſouffert ſur la mer,
il craignoit tellement que ie le quittaſſe, qu'il ne ſe peut imaginer rien de ſemblable. Et bien que ie fuſſe touſiours à ſes
coſtez, ſi m'appelloit il inceſſament, enfin il mourut ſur la
fin du ſeptieſme iour de ſa maladie, dont ie feus fort affligé,
au mieux que ie peus ie le fis enterrer en l'Egiſe Sainĉte
Croix à Orleans, où il repoſe encore. Dieu aye ſon ame.
Car il mourut bonChreſtien. Et certes ſi ie ne ſuis empeſché
par la mort, ie donneray à ceſte Egliſe quelques rentes pour
faire dire pour ſon ame tous les iours quelques Meſſes. Qui
voudra voir l'eſtat de mon arriuée, & la ioye de Perrenelle,
qu'il nous contemple tous deux en cette ville de Paris ſur la
porte de la Chapelle Sáint Iacques de la Boucherie du coſté, & tout aupres de ma maiſon, où nous ſommes peinĉts,
moy rendant graces aux pieds de Monſieur Saint Iacques de
Gallice,&Perrenelle à ceux de Monſieur Sainĉt Iean, qu'el-

le auoit si souuét inuoqué. Tant y a que par la grace de Dieu, & intercession de la bien-heureuse, & Saincte Vierge, & benoists Saincts Iacques & Iean, ie sçeus ce que ie desirois, c'est à dire, les premiers principes, r ó n toutesfois leur premiere preparation, qui est vne chose tres-difficile sur toutes celles du monde. Mais ie l'eus encore à la fin apres les longues erreurs de trois ans ou enuiron, durant lequel temps, ie ne fis qu'estudier & trauailler, ainsi qu'on me peut, voir, hors de cette Arche, où i'ay mis des processions contre les deux pilliers d'icelle, sous les pieds de Sainct Iacques & Sainct Iean, priant tousiours Dieu, le chapellet en main, lisant tres-attentiuement dans vn liure, & pesant les mots des Philosophes, & essayant puis apres les diuerses operations que ie m'imaginois par leurs seuls mots. Finalement ie trouuay ce que ie desirois, ce que ie reconnus aussi tost par la senteur forte. Ayant cela i'accomplis aisement le magistere : aussi sçachant la preparation des premiers agens, suiuant en apres à la lettre mon liure, ie n'eusse peu faillir encore que ie l'eusse voulu. Donc la premiere fois que ie fis la proiection, ce fust sur du Mercure, dont i'en conuertis demy liure ou enuiron, en pur argent, meilleur que celuy de la miniere, comme i'ay essayé & faict essayer par plusieurs fois. Ce fust le 17. de Ianuier vn Lundy enuiron midy, en ma maison presente Perrennelle seule, l'an de la restitution de l'humain lignage mil trois cés quatre vingts deux. Et puis apres, en suiuant tousiours de mot à mot mon liure, ie la fis auec la pierre rouge, sur semblable qualité de Mercure, en presence encor de Perrenelle seule en la mesme maison, le vingt-cinquiesme iour d'Auril suiuát de la mesme année, sur les cinq heures du soir, que ie transmuay veritablement en quasi autant de pur or, meilleur tres-certainemét que l'or commun, plus doux, & plus ployable. Ie le peux dire auec verité. Ie l'ay parfaicte trois fois auec l'ayde de Perrenelle, qui l'entédoit aussi bien que moy, pour m'auoir aydé aux operations, & sans doute, si elle eust voulu entreprendre de la parfaire seule, elle en seroit venüe à bout. I'en auois bien assez la parfaisant vne seule fois, mais i'auois tres-grande delectation

de voir & contempler dans les vaisseaux les œuures admirables de la Nature. Pour te signifier comme ie l'ay parfaicte
trois fois, tu verras en cette arche si tu le sçais connoistre
trois fourneaux semblables à ceux qui seruent à nos operations. I'eus crainte vn long-temps, que Perrenelle ne peut
cacher la ioye de sa felicité extreme, que ie mesurois par la
mienne, & qu'elle ne l'aschast quelque parolle à ses parens
des grands tresors que nous pe'Tedions: Car l'extreme ioye,
oste le sens, aussi bien que la grande tristesse, mais la bonté
du tres-grand Dieu, ne m'auoit pas comblé de cette seule
benediction, que de me donner vne femme chaste & sage,
elle estoit d'abondant non seulemét capable de raison, mais
aussi de parfaire ce qui estoit raisonnable, & plus discrette &
secrette que le commun des autres femmes. Sur tout elle e-
stoit fort deuotieuse, voila pourquoy se voyant sans esperance d'enfans, & desia bien auant sur l'aage, elle commença tout de mesme que moy à penser en Dieu, & à vaquer
aux œuures de misericorde. Lors que i'escriuois ce commentaire en l'an mille quatre cens treize sur la fin de l'an, a-
pres le trespas de ma fidelle cópagne, que ie regreteray tous
les iours de ma vie, elle & moy auons desia fondé & renté
quatorze hospitaux en cette ville de Paris, basti tout de neuf
trois chapelles, decoré de grands dons & bonnes rentes
sept Eglises, auec plusieurs reparations en leurs Cymetieres,
outre ce que nous auions faict à Boloigne, qui n'est guieres
moins que ce que nous auons fait icy. Ie ne parleray point
du bien que nous auons ensemble fait, aux pauures particu-
liers, principalement aux veufues, & pauures orphelins,
si ie disois leur nom, & comment ie faisois celà, outre que
le salaire m'en seroit donné en ce monde, ie pourrois faire
desplaisir à ces bonnes personnes [que Dieu veuille benir]
ce que ie ne voudrois faire pour rien du monde. Bastissant
donc ces Eglises, Cimetieres, & hospitaux en cette ville, ie
me resolus de faire peindre en la quatriéme arche du Cymetiere des Innocens entrant par la grande porte de la ruë S.
Denys, & prenant la main droicte les plus vrayes & essentielles marques de l'art, souz neantmoins des voiles & cou-

uertures Hieroglifiques à l'imitation de celles du liure doré
du Iuif Abraham, pouuant reprefenter deux chofes felon la
capacité , & fçauoir, des contemplans, premierement les
myfteres de noftre refurrection future & indubitable , au
iour du iugement , & aduenement du bon IESVS , (auquel
plaife nous faire mifericorde) hiftoire qui conuient bien à
vn Cymetiere, & puis apres encore, pouuant fignifier à ceux
qui font entēdus en la Philofophie naturelle, toutes les prin-
cipales , & neceffaires operations du magiftere. Ces figures
Hieroglifiques feruiront comme de deux chemins pour me-
ner à la vie celefte le premier fens plus ouuert, enfeignant
les facrés myfteres de noftre falut (ainfi que ie demonftre-
ray cy apres,) l'autre enfeignant à tout homme pour peu
entendu qu'il foit en la pierre, la voye lineaire de l'œuure,
laquelle eftant parfaite par quelqu'vn, le change de mauuais en bon, luy ofte la racine de tout peché (qui eft l'auari-
ce) le faifant liberal, doux, pie, religieux, & craignant Dieu
quelque mauuais qu'il feuft auparauant, car d'orefmauant il
demeure toufiours rauy de la grande grace , & mifericorde
qu'il a obtenu de Dieu, & de la profondité de fes œuures diuines & admirables. Ce font les caufes qui m'ont meu à mettre ces formes en cette façon, & en ce lieu qui eft vn Cymetiere, afin que fi aucun obtient ce bien ineftimable que de
conquerir cette riche Toifon, il penfe comme moy de ne tenir point le talent de Dieu enfoüi en la terre, acheptant ter-
res, & poffeffions qui font les vanitez de ce monde, mais pluftoft d'ouurer charitablement enuers fes freres, fe fouuenant
auoir apris ce fecret parmy les offemens des morts, auec lefquels il fe doit bien toft trouuer, & qu'apres cette vie tranfi-
toire, il faudra rendre compte deuant vn iufte & redoutable Iuge qui cenfurera iufqu'à la parolle oifeufe & vaine.
Que donques celuy qui ayant bien pefé mes mots, & bien
conneu & entendu mes figures, (fçachant d'ailleurs les premiers principes & agens, car certainement il n'en treuuera
aucun veftige ou enfeignement en ces figures, & commentaires) parface à la gloire de Dieu le magiftere d'Hermes, fe
fouuenant de l'Eglife Catholique Apoftolique & Romaine,
& de

& de toutes les autres Eglifes, Cymetieres & Hofpitaux, & fur tout de l'Eglife des Innocens de cefte ville au Cymetiere de laquelle il aura contemplé ces veritables demôftrations, ouurant tres-largement fa bourfe aux pauures fecrets, gens de bien defolez, infirmes femmes vefues, & delaiffez orphelins. Ainfi foit-il.

DES INTERPRETATIONS THEO-
logiques, qu'on peut donner à ces Hieroglifiques felon le fens de moy Autheur.

CHAP. I.

'Ay donné à ce Cymetier vn Charnier qui eft vis à vis de cefte quatriefme Arche, le Cymetiere au milieu, & contre vn des pillers de ce Charnier, ie y ay faiét charbonner & peindre groffierement vn homme tout noir qui regarde droiétement ces Hieroglifiques, à l'entour duquel y a efcript en François, *Ie voy merueille dont moult ie mesbahi*. Cela & encor trois plaques de fer & cuiure doré, à l'Orient, l'Occident & Midy de l'Arche, ou font ces Hieroglifiques, le Cymetiere au milieu, reprefentans la faincte Paffion & Refurreétion du fils de Dieu, cela ne doit point eftre autrement interpreté que felon le fens commun Theologique, fauf que ceft homme noir, peut auffi bien crier merueille de voir les œuures admirables de Dieu en la tranfmutation des metaux qui font figurées en ces Hieroglifiques, qu'il regarde fi attentiuement, que de voir enterrer tant de corps morts qui s'efleueront hors de leurs tombeau aux iour redoutable du iugement. D'autre part, ie ne penfe point qu'il faille interpreter en fens Theologique, ce Vaiffeau de terre à la main droiéte de ces figures dans lequel y a vne Efcriptoire, où plutoft vn Vaiffeau de Philofophie, fi tu en oftes les liens & ioins le canon au cornet, ny les deux autres femblables qui font aux coftez des figures de Sainét Pierre & Sainét Paul, dás lequel y à vn N,

H

qui veut dire N I C O L A S,& vne F. qui veut dire F L A M E L.

Car ces vaiſſeaux ne ſignifient ſinon que dans des ſemblables, i'ay parfaict par, trois fois le magiſtere. Qui
voudra auſſi croire que i'ay mis ces vaiſſeaux en forme d'ar-
moires,pour y faire repreſéter cette eſcritoire, & les lettres
capitales de mon nom, qu'il le croye s'il veut, par ce que
toutes ces deux interpretations ſont veritables.

Il ne faut point auſſi interpreter enſens Theologique,ce-
ſte eſcriture qui ſuit en ces termes,N I C O L A S F L A M E L E T
P E R R E N E L L E S A F E M M E,d'autant qu'elle ne repreſente, ſinon que moy & ma femme auons donné cette Arche.

Quand aux troiſieſme, quatrieſme & cinquieſme Tableau ſuiuans, aux long deſquels y a eſcrit, (Comment
les Innocens furent occis par le Commandement du
Roy Herodes.) Le ſens Theologique s'y entend auſſi aſſez
par cette eſcriture, il faut ſeulement parler du reſte qui
eſt au deſſus.

Les deux dragons vnis,l'vn dans l'autre de couleur noire
& bleuë, en champ de ſable, c'eſt à dire noir,dont l'vn à dés
aiſles dorées, & l'autre n'en à point, ſont les pechez qui naturellement ſont entrecathenez; Car l'vn a ſa naiſſance de
l'autre: D'iceux aucuns peuuent eſtre chaſſez ayſément,
comme ils viennent ayſément, Car ils volent à toute heure
vers nous.Et ceux qui n'ont point des aiſles ne peuuét éſtre
chaſſez,ainſi qu'eſt le peché contre le ſainct Eſprit. Ceſt or
des aiſles,ſignifie que la pluſpart de ces pechez,viennent de
la ſacrée faim de l'or,qui rend tant de perſonnes attentiues,
& qui leur faict ſi ententiuement eſcouter,d'où ils en pourront auoir.Et la couleur noire & bleuë, demonſtre que ce
ſont des deſirs qui ſortent du tenebreux puits d'enfer, leſquels nous deuons entierement fuyr. Ces deux dragons
peuuent encore repreſenter moralement, les legions des
malins eſprits qui ſont touſiours à l'entour de nous, & qui
nous accuſeront deuant le iuſte Iuge au iour redoutable
du Iugement, leſquels ne demandent qu'à nous cri-
bler.

L'homme & la femme qui viennent après de couleur o-
rangée sur vn champ azuré & bleu, signifient que l'homme
& la femme ne doiuent pas auoir leur espoir en ce monde,
car l'orangé marque desespoir, où laisser l'espoir comme
icy, & la couleur azurée & bleuë sur laquelle ils sont peints,
representent qu'il faut penser aux choses celestes futures, &
dire comme le rouleau de l'homme, *Homo veniet ad iudicium
Dei*, ou comme celuy de la femme, *Vere illa dies terribilis erit*:
afin que nous gardans des dragons, qui sont les pechez,
Dieu nous face misericorde.

En suitte de cela, en champ de Synople, c'est à dire vert,
sont peints deux hómes & vne femme resuscitans, desquels
l'vn sort d'vn sepulche, les autres deux de la terre, tous trois
de couleur tres-blanche & pure, leuans les mains deuant
leurs yeux, & iceux deuers le Ciel en haut sur lesquels trois
corps y à deux Anges sonnans des instrumens musicaux,
comme s'ils auoiét appellé ces morts au iour du Iugement:
Car sur iceux deux Anges est la figure de nostre Seigneur
Iesus-Christ, tenant le monde en sa main, sur la teste
duquel vn Ange met vne Courronne, assisté de deux autres
qui disent en leurs rouleaux, *ô Pater omnipotens*, *ô IESV boné*. Au costé droict d'iceluy Sauueur est peint sainct Paul, vestu de blanc citrin, auec vne espée, aux pieds duquel est vn
homme vestu d'vne robbe orangée, en laquelle apparois-
soient des plis noirs & blancs, qui me ressemble au vif, lequel demande pardon de ses pechez, tenant les mains iointes, desquelles sortent ces paroles escrites en vn rouleau, *De-
le mala quæ feci*. De l'autre costé à la main gauche est sainct
Pierre auec sa clef, vestu de rouge citrin, tenant la main sur
vne femme vestuë d'vne robbe orangé qui est à ses genoux,
representant au vif Perrenelle, laquelle tiét les mains iointes, ayant vn rouleau, où est escrit *CHRISTE precor esto pius*
Derriere laquelle y a vn Ange à genoux auec vn rouleau, qui dit: *Salue Domine Angelorum*. Il y a aussi vn autre
Ange à genoux derriere mon Image du costé de sainct Paul
qui tient aussi vn rouleau, disant: *ô Rex sempiterne*. Tout cela
est tres-clair, selon l'explication de la resurrection & futur

iugement qu'on y peut aisément adapter: aussi il semble que
ceste Arche n'aye esté peinte que pour represéter cela, c'est
pourquoy il ne s'y faut point arrester dauantage, puis que
les moindres, & les plus ignorans luy sçauront bien bailler
ceste interpretation.

Apres les trois resuscitans, viennent deux Anges de couleur orangée encor, sur vn champ bleu, disans en leurs rouleaux: *Surgite mortui*, *venite ad iudicium Domini mei*. Cela
encor sert à l'interpretation de la resurreĉtiõ. Tout de mesme que les figures suiuantes & dernieres, qui sont sur vn
champ violet de l'hõme rouge vermilion, qui tient le pied
d'vn Lyõ peint de rouge vermilion aussi, qui a des aisles, ouurant la gueule comme pour deuorer. Car on peut dire que
celuy-là figure le malheureux pecheur, qui dormãt lethar-
giquement dans la corruption des vices, meurt sans repen-
tance & confession, lequel sans doute, en ce iour terrible,
sera liuré au diable, icy peint en forme de Lyon rouge ru-
gissant qui l'engloutira & emportera.

LES INTERPRETATIONS
Philosophiques selon le Magistere d'Hermes.

CHAP. II.

IE desire de tout mon cœur, que celuy qui cher-
che ce secret des Sages, ayant repassé en son esprit ces Idées de la vie & resurrection future, face premierement son profit d'icelles. Qu'en second lieu
il soit plus aduisé qu'auparant, q'uil fonde & profonde mes
figures, couleurs & rouleaux: notamment mes rouleaux,
parce qu'en cest art on ne parle point vulgairement. Qu'il
demande apres en soy-mesme, pourquoy la figure de sainĉt
Paul est à la main droiĉte, au lieu ou on a de coustume de
peindre sainĉt Pierre, & celle de S. P: re au lieu de celle de
S. Paul? Pourquoy la figure de S. Paul est vestuë de couleur
blãche citrine, & celle de S. Pierre de citrine, rouge? Pour-

quoy auſſi l'hôme & fême qui ſont aux pieds de ces deux
ſaincts prians Dieu côme s'ils eſtoient au iour du Iugement,
ſont habillez de couleurs diuerſes,& ne ſont nuds en oſſe-
ments comme reſuſcitans? Pourquoy en ce iour du Iugement on a peint ceſte homme & ceſte femme aux pieds des
Saincts. Car ils doiuent eſtre plus bas en terre,non au Ciel?
Pourquoy auſſi les deux Anges orangées qui diſent en leurs
rouleaux *Surgite mortui ; venite ad iudicium Domini mei* , ſont
veſtus de cette couleur , & hors de leur place,car elle doit
eſtre en haut au Ciel, auec les deux autres qui ſonnent
des Inſtrumens? Pourquoy ils ont vn champ violet & bleu ?
mais principalement , pourquoy leur rouleau qui parle
aux morts,finit en la gueule ouuerte du Lion rouge & volant? Ie voudrois donc qu'apres ces queſtions , & pluſieurs
autres,qu'on peut iuſtement faire,ouurant entierement les
yeux de l'eſprit ,il vint à conclure que cela n'ayant point
eſté faict ſans cauſe,on doit auoir repreſenté ſous leur eſ-
corce quelques grands ſecrets qu'il doit prier Dieu luy deſ-
couurir. Ayant ainſi conduit ſa creance par degrez, ie ſou-
haitte encor qu'il croye, que ces figures & explications ne
ſont point faictes pour ceux là qui n'ôt iamais veu les liures
des Philoſophes, & qui ignorans les principes Metalliques,
ne peuuent eſtre nommez enfás de la ſcience. Car s'ils veulent entendre entierement ces figures, ignorans le premier
agent,ils ſe tromperont ſás doute,& n'y entendront iamais
rien pour tout.Qu'aucun donc ne me blaſme, s'il ne m'entend aiſément ; car il ſera plus blaſmable que moy , entant
que n'eſtant point initié en ces ſacrées & ſecrettes interpretations du premier agent,(qui eſt la clef ouurant les portes
de toutes ſciences) neantmoins il veut entendre les conce-
ptions plus ſubtiles des Philoſophes tres enuieux, qui ne
ſont eſcrites que pour ceux qui ſçauent deſ ia ces principes,leſquels ne ſe treuuẽt iamais en aucun liure,parce qu'ils
les laiſſent à Dieu,qui les reuele à qui luy plaiſt,ou bien les
faict enſeigner de viue voix par vn maiſtre par tradition Ca-
baliſtique , ce qui arriue tres-rárement. Or mon fils , ie te
peux ainſi apeller,car ie ſuis deſ ia venu à grãde vieilleſſe,&

d'ailleurs, peut-eſtre, tu es fils de ſcience, Dieu te laiſſe apprendre, & puis ouurer à ſa gloire, eſcoute-moy donc attentiuement, mais ne paſſe plus auant, ſi tu ignores les principes ſuſdits.

Ce vaiſſeau de terre en cette forme, eſt appellé par les
Philoſophes le triple vaiſſeau, car dãs iceluy y a au milieu vn
eſtage, & ſur iceluy vne eſcuelle pleine de cendres tiedes,
dans leſquelles eſt aſſis l'œuf Philoſophie, qui eſt vn matras
de verre plein de confections de l'art (côme de l'eſcume de
la mer rouge, & de la graiſſe du vent Mercurial) que tu voids
peint en forme d'eſcritoire. Or ce vaiſſeau de terre s'ouure
par deſſus, pour y mettre au dedans l'eſcuelle & le matras,
ſous leſquels par cette porte ouuerte ſe met le feu philoſophique, comme tu ſçais. Ainſi tu as trois vaiſſeaux, & le vaiſſeau triple, les enuieux l'ont apellé Athanor Crible, Fumier, Bain Marie, Fournaiſe, Sphere, Lyon verd, Priſon, Se-
pulcre, Vrinal, Phiole, Cucurbite, moy-meſme en mon
Sommaire philoſophie que i'ay compoſé il y a quatre ans
deux mois, ie le nomme ſur la fin d'iceluy, la maiſon & habi-
tacle du Poulet, & les cendres de l'eſcuelle, la paille du
poulet, ſon commun nom eſt le fournel, que ie n'euſſe iamais
trouué, ſi Abraham le Iuif ne l'euſt peint auec ſon feu pro-
portionné, auquel conſiſte partie du grand ſecret. Car il eſt
comme le ventre & la matrice contenant la vraye chaleur
naturelle pour animer noſtre ieune Roy. Si ce feu n'eſt me-
ſuré Clibaniquement, dit Calid, Perſe, fils de Iaſiche. S'il
eſt allumé auec l'eſpée, dit Pythagoras, Si tu ignées ton
vaiſſeau, dit Morienus, & luy fais ſentir l'ardeur du feu, il
te baillera vn ſoufflet, & bruſlera ſes fleurs auant qu'elles
ſoient montées du profond de ſes mouelles, ſortans rouges

pluftoft que blanches, & lors ton operation fera deftruicte, tout de mefme que fi tu fais trop peu de feu, car alors auffi tu n'en verras iamais la fin, à caufe du morfondement des natures, qui n'auront point eu des mouuemens affez puif-fans pour fe digerer enfemble.

La chaleur donc de ton feu en ce vaiffeau, fera, comme dit Hermes & Rofinus, felon l'Hyuer, ou bien ainfi que dit Diomedes, felon la chaleur de l'Oyfeau qui cômance à vo-ler fi doucement depuis le figne d'Aries, iufques à celuy de Cancer, Car, fçache que l'enfant du cômencement eft plein de flegme froid, & de laict, & que la chaleur trop vehemen-te eft ennemie de la frigidité, & humidité de noftre Embriô, & que les deux ennemis, c'eft à dire, nos Elemens de froid & chaud, ne s'embrafferont iamais parfaictement que peu à peu, ayans premierement faict vne longue demeure enfem-ble, au milieu de la temperée chaleur de leur bain, & s'eftans changez par longue decoction en foulfre incombuftible. Regis donc doucement, auec efgalité & proportion tes na-tures hautaines, de peur que fi tu en fauorifes plus les vnes que les autres, elles qui font naturellement ennemies, ne fe defpitent côtre toy par ialoufie, & cholere feiche, & ne te fa-cent long-temps foufpirer. Outre cela il te les faut entrete-nir perpetuellement en cette chaleur temperée, c'eft à dire, nuict & iour, iufques a ce que l'Hyuer, c'eft à dire, le temps de l'humidité des matieres foit paffé, parce qu'elles font leur paix, & fe donnent la main en fe chauffant enfemble, & que fi elles fe trouuoient feulement vne demie-heure fans feu, ces natures feroiêt iamais irreconciliables. Voila pourquoy il eft dit, au liure des feptante Preceptes, fay que leur feu du-re indefatigablement fans ceffe, & qu'aucû de leurs iours ne foient point oubliez. Et Rafis, l'haftiueté, qui mene auec foy trop de feu, eft toufiours fuiuie du diable & de l'erreur. Quant l'Oyfeau doré, dit Diomedes, fera paruenu iufqu'en Cancer, & que de là il courra deuers les Balances, alors il te faudra augmenter vn peu le feu. Et tout de mefme, encore quand ce bel Oyfeau s'en vollera de Libra deuers le Capri-corne, qui eft le defiré Automne, le temps des moiffons, & des fruicts des-iameurs.

LES DEVX DRAGONS DE
couleur flauaftre, bleuë & noire comme
le Champ.

CHAP. III.

Ontemple bien ces deux Dragons, car ce font les
vrais principès de la philofophie queles fages n'ôt
pas oſé monſtrer à leurs enfás propres. Celuy qui
eſt deſſous fans aiſles, c'eſt le fix, ou le maſle; celuy
qui eſt audeſſus, c'eſt le volatil, ou bië la femelle noire & obſcure, qui va prendre la domination par pluſieurs mois. Le
premier eſt apellé Soulfre, ou bien calidité & ſiccité, & le
dernier Argét vif, ou frigidité & humidité. Ce font le Soleil
& la Lune de fource Mercuriële, & origine Sulphureuſe, qui
par le feu cótinuel s'ornët d'habillemës Roiaux, pour vaincre eſtans vnis, & puis changez en quint'eſſéce, toute choſe
metallique, ſolide, dure & forte. Ce ſónt ces Serpës & Dragós que les anciés Egiptiés ont peint en vn ród la teſte mor-
dât ſa queuë, pour dire qu'ils eſtoiët ſortis d'vne meſme choſe, & qu'elle ſeule ſe ſuffiſoit, & qu'é ſon cótour & circulatió
elle ſe parfaiſoit. Ce ſót ces Dragós que les anciés Poëtes ont
mis à garder ſás dormir, les dorées pommes des jardins des
vierges Heſperides. Ce ſót ceux-là ſur leſquels Iaſó en l'ad-
uéture de la Toiſó d'or, verſa le jus preparé par la belle Me-
dée, des diſcours deſquels les liures des Philoſophes ſót tát
réplis, qu'aucú Philoſophe n'a iamais eſté qu'il n'ë aye eſcrit
depuis

depuis le veridiques Hermes Trifmegifte, Orphée, pythagoras, Artephius, Morienus & les autres fuiuās, iufques à moy.
Ce font ces deux Serpens enuoyez, & donnés par Iunon qui
eft la nature metallique, que le fort Hercules, c'eſt à dire, le
fage doit eftrangler en fon berceau, c'eſt à dire, vaincre, &
tuer, pour les faire pourir, corrompre & engendrer, au
commencement de fon œuure. Ce font les deux Serpens attachez à l'entour du Caducée, & Verge de Mercure, auec
lefquels il exerce fa grande puiſſance, & fe transfigure comme il veut. Celuy, dit Haly, qui en tuera l'vn, il tuera auſſi
l'autre, parce que l'vn ne peut mourir qu'auec fō frere. ceux
cy (qu'Auicene appelle, Chiene de Coraſſene, & chié d'Ar-
menie,) ces deux cy eſtans donc mis enfemble dans le
Vaiſſeau du Sepulchre, ils fe mordent tous deux, cruelle-
ment, & par leur grande poifon, & rāge furieufe, ne fe laif-
fent iamais depuis le moment qu'ils fe font entrefaifis (fi le
froid ne les empefche) que tous deux de leur bauant venin
& mortelles bleſſures, ne fe foient enfanglátēz par toutes les
parties de leurs corps, & finalement s'entretuans, ne fe foiēt
eſtouffez dans leur venin propre, qui les change apres leur
mort en eau viue, & permanente, auant quoy, ils perdent a-
uec la corruption, & putrefaction, leurs premieres formes
naturelles, pour en reprendre apres vne feule nouuelle plus
noble & meilleure. Ce font ces deux Spermes mafculine,
& fœminine defcriptes au commencement de mō fommai-
re Philofophique, qui font engendrées, (dit Rafis, Auicen-
ne, & Abraham le Iuif) dans les reins, entrailles, & des o-
perations des quatre Elemens. Ce font l'humide radical des
metaux, Soulfre & Argent vif, non les vulgaires, & qui fe
vendent par les marchans & Apotiquaires, mais ceux là que
nous dōnent ces deux beaux & chers corps, que nous aymós
tāt. Ces deux Spermes, difoit Democrite, ne fe treuuēt point
fur la terre des viuans. Le mefme, dit Auicēne, mais adiou-
fte-il, on les recueille, de la fiéte ordure & pourriture du Soleil, & de la Lune. O que bien heureux, font ceux-là qui
les fçauent recueillir : Car d'iceux puis apres ils en font
vne Theriaque qui à puiſſance fur toute douleur, triſteſſe,

maladie, infirmité & debilité, qui combat puissamment cötre la mort, allongeant la vie selon la permission de Dieu, iusques au temps determiné en triomphant des miseres de ce monde, & comblant l'homme de ses richesses. De ces deux Dragös ou principes metalliques, i'ay dit au sommaire sus allegué, que l'ennemy enflämeroit par son ardeur, le feu de sö ennemi, & qu'alors si l'on y prenoit garde, on verroit par l'air vne fumée venineuse, & mal odorante, trop pire en flamme, & en poison, que n'est la teste enuenimée d'vn Serpent, & dragon Babylonien. La cause que ie t'ay peint ces deux Spermes en forme de Dragons, est parce que leur puanteur est tres-grande, semblable à la leur, & les exhalaisons qui môtent dans le matras sont obscures, noires blues & flauastres, ainsi que sont ces deux Dragons peints, la force desquelles, & des corps dissous, est si venimeuse, que veritablement il n'y à point au monde vn plus grand venin. Car il est capable par sa force, & puanteur, de mortifier, & tuer, toute chose viuante. Le Philosophe ne sent iamais ceste puanteur, s'il ne chasse ses Vaisseaux, mais seulement la iuge estre telle par la veüe & changement des couleurs procedantes de la pourriture de ses confections.

Ces couleurs donc signifient la putrefaction, & generation qui nous est donnée, par la morsure, & dissolutiö de nos corps parfaicts, laquelle dissolution procede de la chaleur externe aydäte, & de l'igneité Pontique, & vertu aigre admirable du poison de nostré Mercure, qui met & resout en pure poussiere, voire en poudre impalpable, ce qu'il trouue luy resister. Ainsi la chaleur agissant sur, & cötre l'humidité radicale metallique, visqueuse, ou oleagineuse, engendre sur le subiect, la noirceur. Car au mesme temps sa matiere se dissout, se corröpt, noircit, & conçoit pour engédrer: parce que toute corruption est generation, laquelle noirceur doit estre toufiours desirée. Elle est aussi, ce voile noir auec lequel le nauire de Theseus reuint victorieux de Crete, qui fust cause de la mort de son pere, aussi faut-il que le pere meure, afin que des cendres de ce Phœnix vn autre en renaisse, & que le fils soit Roy. Certes qui ne voit cette noirceur, au cōmencemēt de ses opérations, durant les iours de la Pierre, qu'elle autre couleur qu'il voye, il manque entierement au magistere, & ne le peut plus auec ce cahos parfaire. Car il ne trauaille pas bien, ne putrifiant point, d'autant que si l'on ne putrifie, on ne corrompt point, n'y engendre, & par consequent la Pierre ne peut prendre vie vegetatiue pour croistre & multiplier. Et veritablement ie te dis derechef, que quand mesmes tu trauaillerōis sur les vrayes matieres, si au commencement apres auoir mis les confeéctions dans l'œuf Philosophic, c'est à dire, quelque tēps apres que le feu les à irritées, tu ne voids cette teste du Corbeau noire du noir tres-noir, il te faut recommencer. Car cette faute est irreparable, & incorrigible. Notamment on doit craindre vne couleur orangée, ou demi-rouge, parce que si en ce commencemēt tu la vois dās ton œuf, sans doute tu brusles & as bruslé la verdeur & viuacité de la pierre. Cette couleur qu'il te faut auoir, doit estre entierement parfaiéte en noirceur semblable à celle de ces Dragons en l'espace de 40. iours. Que donc ceux qui n'auront point ces marques essentielles, se retirent de bonne heure des operations, afin qu'ils se rediment d'asseurée perte. Sçache aussi & nōtte bien, que ce n'est rié en cette art d'auoir la noirceur, il n'y a rien plus aisé à auoir. Car quasi de toutes les choses du monde meslées auec l'humidité, tu en auras la noirceur par le feu. Il te faut auoir vne noirceur qui prouienne des parfaits corps metalliques, qui dure vn long espace de temps, & ne se perde qu'en cinq mois, apres laquelle succede la desirée blancheur. Si tu as cela, tu as beaucoup, mais non tout. Quāt à la couleur bluastre & flauastre, elle signifie que la solution & putrefaction n'est point encore acheuée, & que les couleurs de nostre Mercure ne sont point encore bien meslées & pourries auec le restant. Donc cette noirceur & couleurs, enseignent clairement qu'en ce commencement la matiere & composé commence à se pourrir, & dissoudre en poudre plus menuë que les Atomes du Soleil, lesquels se changent apres en eau permanente. Et cette dissolution est appellée par les Philosophes enuieux, Mort, Destruction &

Perdition, parce que les natures changent de forme, de la font forties tant d'allegories fur les morts, tombes & fepulchres. Les autres l'ont nommé Calcination, Denudation, Separation, Trituration, Affation, parce que les confections font changées & reduites en tres menues pieces & parties. Les autres Reduction en premiere matiere, Mollification, Extraction, Commixtion, Liquefaction, Conuerfion d'Élemens, Subtiliation, Diuifion Humation, Impaftation, & Diftilation, parce que les confections font liquefiées, reduites en femence, amollies, & fe circulent dans le matras. Les autres xir, Putrefaction, Corruptió, Ombres Cymmerienes, Gouffre, Enfer, Dragons, Generation, Ingreffion, Submerfion, Complexion, Coniunction, & Impregnation, parce que la matiere eft noire & aqueufe, & que les natures fe meflent parfaictemét, & retiennét les vnes des autres. Car quád la chaleur du Soleil agit fur icelles, elles fe changent premierement en poudre, ou eau graffe & glutineufe qui s'entant la chaleur, s'enfuit en haut en la tefte du Poulet auec la fumée, c'eft à dire, auec le vent & l'air: de là cette eaue tirée & fondue des confections, elle s'en reua en bas, & en defcendant reduict & refout tant qu'elle peut le refte des confections aromatiques, faifant toufiours ainfi iufqu'à ce que tout foit comme vn broüet noir vn peu gras. Voilà pourquoy on appelle cela Sublimation, & Volatization, car il vole en haut, & Afcenfion & Defcenfion, parce qu'il monte & defcend dans la cucurbite. Quelque temps apres, l'eau commence à s'engroffir & coaguler dauantage venant comme de la poix tres-noire, & finalement vient corps & terre, que les enuieux ont appellée Terre fœtide & puante. Car alors à caufe de la parfaicte putrefaction qui eft naturelle comme toute autre, cette Terre eft puante, & donne vne odeur femblable au relent des fepulchres remplis de pourriture, & d'offemens encor chargez de naturelle humeur. Cette Terre a efté appellée par Hermes, La terre des fueilles, neahtmoins fon plus propre & vray nom eft le Leton qu'on doit puis apres blanchir. Les anciens fages Cabaliftes l'ont defcrite dans les Metamorphofes foubs l'hiftoire du Ser-

pent de Mars, qui auoit deuoré les compaghons de Cad-
mus, lequel l'occit le perçant de sa lance contre vn Chesne
creux. Note ce Chesne.

DE L'HOMME ET FEMME
veſtus de robbe orangee, ſur vn chanp azuré & bleu, & de leurs rouleaux.

CHAP. IIII.

L'Homme depeint icy me reſſemble tout expres
bien au naturel, tout de meſme que la femme
figure tres-naiuement Perrenelle. La cauſe
pourquoy nous ſommes peints au vif n'eſt pas
particuliere. Car il ne failloit repreſenter que le
maſle & la femelle, à quoy faire noſtre particuliere reſſem-
blance n'y eſtoit pas neceſſairement requiſe. Mais il à pleu
au ſculpteur de nous mettre-là, tout ainſi qu'il à faict auſſi
en cette meſme Arche plus haut aux pieds de la figure de
Sainct Paul & Sainct Pierre, ſelon que nous eſtions en noſtre adoleſcence, & encor ailleurs en pluſieurs lieux comme ſur la porte de la chapelle Sainct Iacques de la
Boucherie, aupres de ma maiſon (encore qu'en cette derniere y à vne cauſe particuliere) comme auſſi ſur la porte
de Sainct Geneuieſue des Ardans ou tu me pourras voir.
Donc ie te peints icy deux corps, vn de maſle, & l'autre de
femelle, pour t'enſeigner qu'en cette ſeconde operation
tu as veritablement, mais non encore parfaictement, deux

natures conioinctes, & mariées, la masculine & feminine,
ou pluſtoſt les quatre Elemens, & que les ennemis naturels, le chaud & le froid, le ſec, & l'humide commencent
de s'aprocher amiablement les vns des autres, & par le
moyen des entremetteurs de paix, depoſent peu à peu l'ancienne inimitié du viel chaos. Tu ſçais aſſez qui ſont ces
entremetteurs, entre le chaud & le froid, c'eſt l'humide
car il eſt parent & alié, des deux, du chaud, par ſa calidité,
du froid par ſon humidité, voila pourquoy pour commencer de faire cette paix, tu as deſ-ja en l'operation precedente, conuerti toutes les confections en eau par la diſſolution. Et puis apres tu as faict coaguler l'eau neceſſaire, qui
s'eſt conuertie en cette terre noire du noir tres-noir, pour
accomplir l'entiere paix : Car la terre qui eſt ſeiche & humide ſe trouuant auſſi parente & allié auec le ſec & humide qui ſont ennemis, les appaiſera & accordera du tout.
Ne conſideres-tu pas vn meſlange tres-paifaict de tous
ces quatre Elemens, les ayant premierement conuertis en
eau, & maintenant en terre ? Ie t'enſeigneray encore cy-
apres les autres conuerſions en air quand tout ſera blanc, &
en feu quand tout ſera purpurin parfaict. Dóc tu as icy deux
natures mariées, dont l'vne à conçeu de l'autre, & par cette
conception, s'eſt conuertie en corps de maſle, & le maſle
en celuy de femelle, c'eſt à dire, ſe ſont faictes vn ſeul corps,
qui eſt l'Androgine des anciens, qu'autrement on appelle
encore teſte du Corbeau, & Elemens conuertis. En cette
façon ie te peints icy, que tu as deux natures reconciliées,
qui (ſi elles ſont conduites & regies ſagement) peuuent
former vn Embrion en la matrice du vaiſſeau, & puis t'enfanter vn Roy tres-puiſſant, inuincible, & incorruptible,
parce qu'il ſera vne quinteſſence admirable. Voila la princi-
pale fin de cette repreſentatió & la plus neceſſaire. La ſecó-
de qui eſt auſſi tres-notable, ſera qu'il me falloit depeindre
deux corps, parce qu'il faut qu'en cette operation tu diuiſes
ce qui a eſté coagulé pour en donner puis apres vne nourriture, vn laict de vie, au petit enfant naiſſant, qui eſt doüé
(par le Dieu viuant) d'vne ame vegetatiue.

Ce qui eſt vn ſecret tres-admirable & tres-occulte qui à fait rafollir faute de le comprendre tous ceux qui l'ont cerché ſans le treuuer, & qui à rendu ſage toute perſonne qui la contemple des yeux du corps, ou de l'eſprit.

Il te faut donc faire deux parts & portions de ce corps coagulé, l'vne deſquelles ſeruira d'Azoth pour lauer & mondifier l'autre, qui s'appelle Leton qu'il faut blanchir. Celuy qui eſt laué eſt le Serpent Python, qui ayant pris ſon eſtre de la corruption du limon de la terre aſſemblé par les eaux du deluge, quand toutes les confections eſtoient eau, doit eſtre occis & vaincu par les fleſches du Dieu Apollon, par le blond Soleil, c'eſt à dire, par noſtre feu eſgal à celuy du Soleil.

Celuy qui laue, ou pluſtoſt ces lauemens, qu'il faut continuer auec l'autre moitié, ce ſont les dents de ce Serpent que le ſage operateur, le vaillant Theſeus ſemera en la meſme terre dont naiſtront des gendarmes qui ſe deſconfiront en fin eux meſme, ſe laiſſans par appoſition reſoudre en la meſme nature de la terre, laiſſans emporter les conqueſtes meritées. C'eſt ſur cecy que les Philoſophes ont eſcript ſi ſouuent, & tant de fois repeté, Il ſe diſſout ſoy-meſme, ſe congele, ſe noircit, ſe blanchiſt, ſe tue ſoy-meſme, & viuifie. I'ay faict peindre leur champ azuré & bleu, pour monſtrer que ie ne fais que commencer à ſortir de la tres-noire noirceur. Car l'azuré & bleu, eſt vne des premieres couleurs que nous laiſſe voir l'obſcure femme, c'eſt à dire, l'humidité cedante vn peu à la chaleur & ſiccité. L'homme & la femme ſont la pluſpart orangez. Cela ſignifie que nos corps, (ou noſtre corps que les ſages appellent icy Rebis,) n'a point encore aſſez de digeſtion, & que l'humidité dont vient le noir, bleu & azuré, n'eſt qu'a demy vaincue par la ſiccité.

Car ſa ſiccité dominant tout ſera blanc, & la combattant ou eſtant eſgalle à l'humidité, tout eſt en partie ſelon ces preſentes couleurs, les enuieux ont appellé encore ces confections en cette operation, Numas, Ethelia, arena, Boritis, Corſufle, Cambar, Albar æris, Duenech, *Randeric*, *Kukul*, *Thabitris*, *Ebifemeth*, *Ixir*, &c. ce qu'ils ont commandé de blanchir.

La femelle à vn cercle blanc en forme de rouleau à l'entour de fon corps, pour fe monftrer que *Rebis* commencera de fe blanchir de cette mefme façon, blanchiffant premierement aux extremitez tout à l'entour de ce cercle blanc. L'efchelle des Philofophes dict. Le figne de la premiere parfaicte blancheur, eft la manifeftation d'vn certain petit cercle capillaire, c'eft à dire, paffant fur la tefte, qui apparoiftra à l'entour de la matiere és coftez du Vaiffeau en couleur fubcitrine.

Il y a en leurs rouleaux, *Homo veniet ad iudicium Dei. Verè,* (dit la femme) *illa dies terribilis erit.* Ce ne font point des paffages de la faincte Efcriture, mais feulement des dictons parlans felon le fens Theologique de la refurrection future. Ie les ay mis ainfi; Car ils me feruent enuers celuy qui contemple feulement l'artifice groffier, & plus naturel, prenant l'interpretation de la refurrection. Et tout de mefme feruent à ceux-là, qui voulans recueillir les paraboles de la fcience, prennent des yeux de Lyncée pour penetrer au delà des obiects vifibles. Il y a donc, l'homme viendra au Iugement de Dieu, certes ce iour fera terrible. C'eft comme fi ie difois, il faut que cecy vienne au colorement de la perfection, pour eftre iugé & nettoyé de la noirceur & ordure, & eftre fpiritualizé & blanchy. Certes ce iour fera terrible, ouy vrayement, auffi vous trouuerez en l'allegorie d'Arifleus, L'horreur nous tint en la prifon par oftante iours dãs les tenebres des Ondes, dans l'extreme chaleur de l'Efté, & troubles de la Mer. Toutes lefquelles chofes doiuent premierement paffer auant que noftre Roy puiffe eftre blãchi, venant de mort à vie, pour vaincre puis apres tous fes ennemis. Pour t'enfeigner encore mieux cette albification, qui eft plus difficile que tout le refte, iufques auquel temps tu peux errer à tout pas, & apres non, ou tu cafferois tes vaiffeaux, ie t'ay faict encore ce tableau fuiuant,

LA FIGVRE D'VN HOMME

semblable à celle de S. Paul, vestu d'vne robbe
blanche citrine, bordée d'or, tenant vn glaiue
nud, ayant à ses pieds vn homme à genoux, vestu d'vne robbe orangée, blanche noire, tenant
vn rouleau.

CHAP. V.

Duise bien cest homme en la forme d'vn S. Paul,
vestu d'vne robbe entierement citrine blanche. Si
tu le consideres bien, il tourne le corps en posture,
qui demonstre qu'il veut prendre le glaiue nud, ou
pour trancher la teste, ou pour faire quelque autre chose sur
cét hôme qui est à ses pieds à genoux, vestu d'vne robbe orã-

K

gée blanche & noirē, lequel dit en son rouleau. *De la male que feci*, comme disant: Oste-moy ma noirceur,* terme de l'art. Car, *malum*, signifie par Allegorie la noirceur, ainsi en la Turbe on trouue souuent, Cuis iusques à la noirceur, qu'ō estimera estre mal: Mais veux-tu sçauoir qu'enseigne cette homme qui prent l'espée, il signifie qu'il faut couper la teste au corbeau, c'est à dire, a cette bóme vestu de diuerses couleurs qui est à genoux. I'ay pris ce traict & figure d'Hermes Trismegiste en son liure de l'art secret, où il dit: Oste la teste à cette homme noir, coupe la teste au Corbeau, c'est à dire, blanchis nostre sable. Lambspringk Noble Germain l'auoit aussi des-ia vsurpé au commentaire de ses Hierogliphiques, disant: En ce bois il y a vne beste, qui est toute couuerte de noirceur, si quelqu'vn luy coupe la teste, alors elle perdra sa noirceur, & vestira la couleur tres-blanche. Voulez-vous entendre que c'est? La noirceur s'appelle la teste du Corbeau, laquelle ostée à l'instant vient la couleur blanche, alors, c'est à dire, quand la nuée n'apparoit plus, ce corps est appellé sans teste. Ce sont ses propres mots. En mesme sens les Sages ont aussi dit ailleurs, Pren la Vipere appellée *de Rexa*, coupe luy la teste, &c. c'est à dire, oste-luy la noirceur. Ils ont encor vsé de cette periphrase, quand pour signifier la multiplicatiō de la pierre, ils ont feint vn Serpēt Hydra, auquel si on coupoit vne teste, il luy en renaissoient dix. Car la pierre augmente de dix à chasque fois qu'on luy coupe cette teste de Corbeau, qu'on la noircit, & blanchit, c'est à dire, dissout de nouueau, & apres recoagule.

Regarde que le glaiue nud, est entortillé d'vne ceinture noire, & que les bouts d'icelle ne l'entourent point du tout. Ce glaiue nud resplendissant, est la pierre au blanc, si souuent descripte dans les philosophies, sous cette forme. Pour donc paruenir a cette parfaicte blancheur estincellante, il te faut entendre les entortillemens de cette ceinture noire, & ensuiure ce qu'ils enseignent, qui est la quantité des inbibitions. Les deux bouts qui ne l'entortillent pas du tout, representent le commencement & la fin: Pour le commencement, il enseigne qu'il faut imbiber en ce premier temps

doucémét & eschárcement, donnant alors à la pierre peu
de laiét, commé à vn petit enfant naiſſant, afin que l'Iſir,
(diſent les Autheurs) ne ſe ſubmerge. Le meſme faut il faire
a la fin, quand nous voyons que noſtre Roy eſt ſaoül, & n'en
veut plus. Le milieu de ces operations eſt peint par les cinq
entortillemens entiers de la ceinture noire, auquel temps,
(parce que noſtre Salamédre vit du feu, & au milieu du feu,
voire eſt vn feu, & vn argent vif, courant au milieu du feu,
ne craignant rien,) il te luy en faut donner abondamment
de telle façó que le laiét Virginal entoure toute la matiere.

I'ay faiét peindre noirs ces entouremens de la ceinture,
parce que ce ſont des imbibitions, & par conſequent des
noirceurs. Car le feu auec l humide (cóme il eſt tant de fois
diét) cauſe la noirceur. Et cóme ces cinq entouremens entiers demonſtrent qu'il faut faire cela cinq fois entierement
tout de meſme ils font connoiſtre qu'il faut faire cela par
cinq mois entiert, vn mois à chaſque imbibition : Voila
pourquoy Hali Abéragel a diét, La cuiſó des choſes ſe par-
faiét en trois fois cinquante iours. Il eſt vray que ſi tu veux
compter ces petites inbibitions du commencement & fin, il
y en a ſept. Surquoy vn des plus enuieux a diét, Noſtre teſte
du Corbeau eſt lepreuſe : Voila pourquoy, qui la voudra
nettoyer, il l'a doit faire deſcendre ſept ſois au fleuue de re-
generation au Iordain, ainſi que commanda le Prophete
aux lepreux Naaman Syrien. Comprenant en cela le commencement qui n'eſt que de quelques iours, le milieu, & la
fin, qui eſt auſſi fort courte. Ie t'ay donc donné ce tableau
pour te dire, qu'il te faut blanchir mon corps qui eſt à genoux, lequel ne demande autre choſe. Car la nature rend
touſiours à perfeétion. Ce que tu accompliras par l'appoſition du laiét Virginal, & par la decoétion que tu feras des
matieres auec ce laiét, qui ſe ſechant ſur ce corps le teindra
en meſme blanc çitrin, qu'eſt veſtu celuy qui prád le glaiue,
en laquelle couleur il te faut faire venir tó Corſuſle. Les ve-
ſtemés de la figure de S Paul, ſont brodez largemét de couleur aurée & rouge citrine. O mon fils, loué Dieu, ſi tu vois
iamais cela. Car deſ-ia du Ciel tu as obtenu miſericorde Im-

bibe donc & teints, iufques à ce que le Petit enfant foit fort
& robufte pour combatre contre l'eau & le feu. Accompliffant cela, tu feras ce que Demagoras, Senior, & Hali, ont appellé. Mettre la mere au vêtre à l'enfant, qu'elle auoit des-ja
enfanté. Car ils apellét Mere, le Mercure des Philofophes,
duquel ils font les imbibitions & fermentatiós, & L'enfant,
le corps a teindre duquel eft forty ce Mercure. Ie t'ay donné
donc ces deux figures pour fignifier l'albificatió; Auffi c'eft
en ce lieu que tu auois befoin de grande ayde. Car tout le
monde y achoppe. Cette operation eft vrayemét vn Labyrinthe, parce qu'icy fe prefentent milles voyes à mefme inftant, outre qu'il faut aller à la fin d'icelle, iuftement tout au
rebours du commencement, en coagulant ce qu'auparauant
tu diffoluois, & faifant terre, ce qu'auparauant tu faifois eau.
Quand tu auras blanchy, tu as vaincu les Toreaux enchan-
tez, qui iettoiët feu & fumée par les narines. Hercules a nettoyé l'eftable plein d'ordure, de pourriture & de noirceur.'
Iafon a verfé le jus fur les Dragons de Colchos, & tu as en
ta puiffance la Corne d'Amalthée, qui (encore que foit
blanche) te peut combler tout le refte de ta vie, de gloire,
honneur, & richeffe. Pour l'auoir il t'à fallu combatre vail-
lamment, & en guyfe d'vn Hercules : Car ceft Achelous,
ce fleuue humide qui eft la noirceur, eft doüé d'vne force
tres-puiffante, outre qu'il fe transfigure fouuent de forme
en autre : Auffi as-tu paracheué, dautant que le refte eft
fans difficulté. Ces transfigurations font defcrites particulierement au liure des fept feaux Egyptiens, où il eft dit,
(comme auffi par tous les Autheurs) Qu'auant que quitter
entierement la noirceur, & fe blâchir en la façon d'vn marbre tres-reluifant, & d'vn glaiue nud flamboyant, la Pierre
fe veftira de toutes les couleurs que tu fçauras imaginer,
fouuent elle fe liquifiera elle mefme, & fouuent fe coagu-
lera encor, & parmy ces diuerfes & contraires operations
(que l'Ame Vegetatiue qui eft en elle luy fait parfaire en vn
mefme temps) elle citrinifera, verdira, rougira, non d'vn
vray rouge, i'aunira, viendra bleuë & orangée, iufques à ce
qu'eftant entierement vaincuë par la ficcité & calidité, fou-

tes ces infinies couleurs finiſſent en cette blancheur citrine
amirable, du veſtement de Sainɛ̃ Paul, laquelle en peu de
temps, viendra comme celle du glaiue nud , puis par plus
forte & longue decoɛ̃ion prendra en fin le rouge citrin, &
puis le parfaiɛ̃ rouge de Laque, ou elle ſe repoſera deſor-
mais. Ie ne veux pas oublier en paſſant, de t'aduertir, que le
laiɛ̃ de la Lune n'eſt pas comme le laiɛ̃ Virginal du Soleil,
penſe donc que les imbibitions de la blancheur requierent
vn laiɛ̃ plus blanc, que celles de la rougeur & aureité. Car
en ce pas i'ay cuidé faillir , & l'euſſe faiɛ̃ ſans Abraham le
Iuif, pour cette raiſon ie t'ay faiɛ̃ peindre la figure qui préd
le glaiue nud, en la couleur qu'il t'eſt neceſſaire , auſſi c'eſt
cette figure qui blanchit.

SVR VN CHAMP VERT , TROIS RE-
suscitans, deux hommes & vne fême entierement blancs,
deux Anges au dessus , & sur les Anges la figure du Sauueur venant iuger le monde, vestu d'vne robbe parfaictement citrine blanche.
CHAP. VI.

IEt'ay fait peindre ainsi vn champ vert, par ce qu'en cette
decoction les confections se sont vertes , & gardent plus
longuement cette couleur que toute autre apres la noire.

Cette verdeur demonstre particulierement, que nostre
Pierre à vne ame vegetate,& qu'elle s'est conuertie par l'industrie de l'art, en vray & pur germe, pour germer abondamment, & produire puis apres des rainceaux infinis. O
bien-heureuse verdeur, dit le Rosaire, qui produis toutes
choses, sans toy rié ne peut croistre,vegeter, ny multiplier.
Les trois resuscitans vestus de blanc estincelant, representent le corps, l'ame & l'esprit de nostre Pierre blanche. Les
Philosophes triuialement vsent de ces termes de l'art, pour
cacher le secret aux malins. Ils appellent corps,la terre noire, obscure & tenebreuse,que nous blanchissons. Ils appellent ame, l'autre moitié diuisée du corps, qui par la volonté de Dieu, & puissance de la nature donne au corps par ses
imbibitions & fermentations, ame vegetatiue, c'est à dire,
puissance & vertu de pulluler,croistre, multiplier,& se rendre blanc comme vn glaiue nud reluisant. Ils appellét esprit
la teincture & siccité, qui comme vn esprit à vertu de penetrer toutes choses metalliques.Ie serois trop long de te mó-
strer icy par combien de raisons ils ont dit partout. Nostre
Pierre à comme l'homme,corps,ame,& esprit. Ie veux seulement que tu nottes-bien, que comme l'homme doüe de
corps,ame, & esprit, n'est toutesfois qu'vn, qu'aussi tu n'as
maintenant qu'vne seule confection blanche, en laquelle
toutesfois sont le corps,l'ame & l'esprit qui sont vnis inseparablement. Ie re pourrois bien bailler de tres-claires com-
paraisons & explications de ce corps, ame, & esprit, mais
pour les expliquer il me faudroit dire des choses que Dieu
se reserue de reueler à ceux qui le craignent,& qui l'aiment,
qui par consequent ne se doiuent escrire. Ie t'ay donc fait
icy peindre vn corps,vne ame & vn esprit tous blancs,com-
me s'ils resuscitoient,pour te monstrer que le Soleil, la Lune & Mercure,sont resuscitez en cette operation, c'est à dire, sont faicts Elemens de l'air,& blanchis:Car nous auons
desia appellé la noirceur, mort, continuant la Metaphore,
nous pourrons donc appeller la blancheur vne vie qui ne
reuient qu'auec & par la resurrection: Le Corps pour te le
monstrer plus clairement, ie l'ay faict peindre leuant la
pierre de son tombeau dans lequel il estoit enferré. L'ame

parce qu'elle ne peut estre mise en terre elle ne sort point d'vn tombeau, mais seulement ie la fais peindre parmy les tombeaux, cerchant son corps en forme de femme ayant les cheueux espars. L'esprit qui ne peut estre aussi mis en sepulture, ie l'ay faict peindre en homme sortant de terre, nom de la tombe. Ils sont tous blancs; aussi la noirceur, la mort est vaincu & eux estant blanchis sont desormais incorruptibles. Leue maintenant les yeux en haut, & voy venir nôtre Roy couróné & resuscité, qui à vaincu la mort, les obscuritez, & humiditez, le voila en la forme que viendra le Saunueur, lequel vnira à soy eternellement toutes les ames pures & nettes, & chassera tout l'impur & immunde comme estant indigne de s'vnir à son diuin corps. Ainsi par comparaison (demandant toutes fois permission de parler ainsi, à l'Eglise Catholique, Apostolique & Romaine & priant toute ame debonnaire de me le permettre par similitude.) Voicy nostre Elixir blanc qui d'oresnauant vnira à soy inseparablement toute nature pure metallique, la transmuant en sa nature argentée, & tres-fine, reiettant l'impure estrangere & eterogene. Loüé soit Dieu qui nous faict la grace par sa grande bonté, de pouuoir considerer ce blanc estincellant, plus parfaict & reluisant qu'aucune nature cóposée, & plus noble apres l'ame immortelle qu'aucune autre substance animée ou inanimée, aussi est elle vne quintessence, vn argent trespur, passé par la coupelle & affiné septfois, dict le Royal Prophete Dauid.

Il n'est pas de besoin d'interpreter que signifient les deux Anges ioüans des instrumens sur la teste des resuscitez, ce sont plutost des esprits diuins, chantans les merueilles de Dieu en cette operation miraculeuse, qu'Anges nous appellans au iugement. Tout expres pour en faire difference, i'ay donné vn luth à l'vn & à l'autre vne Buccine non des trompettes, qu'on leur donne tousiours pour appeller au iugement, le mesme faut-il dire des trois Anges qui sont sur la teste de nostre Saunueur dont i'vn le couronne, & les autres deux disent en leurs rouleaux en luy assistant, ô *Pater omnipotens*, ô *Iesu boné*, en luy rendant des graces eternelles.

SVR

SVR VN CHAMP VIOLET ET
bleu, deux Anges de couleur orangée,
& leurs rouleaux.

CHAP. VII.

E champ violet & bleu monſtre que voulant paſ-
ſer de la Pierre blanche à la rouge, tu l'as imbibée
d'vn peu de laiƈt Virginal Solaire, & que ces couleurs ſont ſorties de l'humidité Mercurielle que
tu as ſeiché ſur la Pierre. En cette operation du rubifiement,
encore que tu imbibes tu n'auras guieres de noir, mais bien
du violet, bleu, & de la couleur de la queüe du Pan : Car
noſtre pierre eſt ſi triomphante en ſiccité, qu'incontinent
que ton Mercure la touche, la nature s'eſioüyſſant de ſa nature, s'adioinƈt à icelle, & la boit auidement, & partant le
noir qui vient de l'humidité, ne ſe peut montrer qu'vn peu,
ſous ces couleurs violettes, & bleuës, d'autant que la ſiccité
(comme dit eſt) gouuerne maintenant abſolument. Ie
t'ay faiƈt peindre ces deux Anges auec des aiſles, pour té repreſenter que les deux ſubſtances de tes confeƈtions, la Mer-
curiele & Sulfureuſe, la fixe auſſi bien que la volatile, eſtans
fixtes enſemble parfaiƈtement, volent auſſi enſemble dans
ton Vaiſſeau. Car en cette operation ſuauement le corps
fixe montera au Ciel tout ſpirituel, & de là il deſcendra en
la Terre, & la où tu voudras, ſuiuant par tout l'eſprit qui ſe
meut touſiours ſur le feu. Dautant qu'ils ſont faiƈts vne

L.

mesme nature & le composé est tout spirituel, & le spirituel tout corporel, tant il a esté subtilié sur nostre marbre par les operations precedentes. Les natures donc sont icy transmuées en Anges, c'est à dire, sont faictes spirituelles & tressubtiles, aussi sont elles maintenant des vrayes teintures. Or souuien toy de commencer la rubification par l'apposition du Mercure citrin rouge, mais il n'en faut verser guieres, & seulement vne ou deux fois, selon que tu verras. Car cette operation se doit parfaire par feu sec, sublimation & calcination seiche: Et vrayement ie te dis icy vn secret, que tu trouueras bien rarement escript, aussi ie ne suis point enuieux, & pleust à Dieu que chacun sçeut faire de l'or à sa volonté, afin que l'on vescut menant paistre ses gras troupeaux, sans vsure & procez à l'imitation des Saincts Patriarches, vsans seulement, comme les premiers peres, de permutation de chose à chose, pour laquelle auoir il faudroit trauailler aussi bien que maintenant. De peur toutesfois d'offencer Dieu, & d'estre l'instrument d'vn tel changement, qui peut estre seroit mauuais, ie n'ay garde de representer ou escrire, ou est ce que nous cachons les clefs qui peuuent ouurir toutes les portes des secrets de la Nature, & renuerser la terre s'en dessus dessous, me contentant de monstrer des choses qui l'enseigneront à toute personne à qui Dieu aura permis de connoistre qu'elle proprieté à le signe des Balances quand il est illustré du Soleil, & de Mercure au mois d'Octobre. Ces Anges sont peints de couleur orangée, afin de te faire sçauoir, que tes confectiós blaches ont esté vn peu plus cuites, & que le noir du violet & bleu, a esté desia chassé par le feu. Car cette couleur orangée est composée de ce beau citrin rouge doré, (que tu attens il y à si long temps,) & d'vn reste de ce violet & bleu que tu as desia en partie defaict. Cest orangé demonstre encor, que les natures se digerent & peu à peu se parfont par la grace de Dieu. Quant à leur rouleau qui dit *Surgite mortui venite ad iudicium Domini mei.* Leuez vous morts, venez au iugement de Dieu mon Seigneur.

Ie l'ay plutoſt faict mettre pour le ſeul ſens Theologique que pour l'autre. Il finit dans la geule d'vn Lyon tout
rouge, cela eſt pour enſeigner, qu'il ne faut point diſconti-
nuer cette operation que l'on ne voye le vray rouge purpurin ſemblable du tout au Pauot de l'Hermitage, & à la laque du Lyon peint, ſauf pour multiplier.

LA FIGVRE D'VN HOMME

semblable à Sainct Pierre, vestu d'vne robbe
citrine rouge tenant vne clef en la main droite,
& mettant la gauche sur vne femme vestue
d'vne robbe orangée, qui est à ses pieds, à genoux, tenant vn rouleau.

CHAP. VIII.

Egarde cette femme vestue de robbe orangée qui
ressemble si au naturel à Perrenelle, selon qu'elle
estoit en son adolescence, elle est peinte en façon
de supliante, à genoux, les mains iointes, aux pieds
d'vn hôme qui a vne clef en sa main droite, qui l'escoute gra-
cieusement, & puis estend la gauche sur elle. Veux-tu sça-

uoir que repreſente cela? C'eſt la pierre qui demande en ceſte operation deux choſes au Mercure Solaire des Philoſophes (depeint ſous la forme de l'homme) c'eſt à ſçauoir
la multiplicatió & plus riche parure. Ce qu'elle doit obtenir
en ce téps icy. Auſſi l'hóme luy mettát ainſi la main ſur l'eſ-
paule, le luy accorde. Mais pourquoy as-tu faict peindre vne
femme? Ie pouuois auſſi bien faire peindre vn homme qu'v-
ne femme, ou vn Ange, (car les natures ſont maintenant
toutes ſpirituelles & córporelles) maſculines & feminines.
mais i'ay mieux aymé te faire peindre vne femme, afin que
tu iuges, qu'elle demande plutoſt cecy, que toute autre
choſe; parce que ce ſont les plus naturels & plus propres deſirs d'vne femme. Pour te monſtrer encor plus, qu'elle demande la multiplication, i'ay faict peindre l'homme auquel elle faict ſa priere, en la forme d'vn Sainct Pierre, tenant vne clef, ayant puiſſance d'ouurir, & fermer, de lier,
& deſlier: D'autant que les Philoſophes enuieux n'ont iamais parlé de multiplication que ſous ces communs termes de l'art, Ouure, ferme, *lie, deſlie. Ils ont appellé ouurir
& deſlier, Faire le corps (qui eſt touſiours dur & fixe) mol,
fluide, & coulant comme l'eau, & fermer, ou lier, le coaguler par apres par décoction plus forte, en le remettant
encore vne autre fois en la forme de corps.

Il me falloit donc repreſenter vn homme auec vne clef,
pour t'enſeigner qu'il te faut maintenant ouurir & fermer
c'eſt à dire multiplier; les natures germantes & croiſſantes.
Car tout autant de fois que tu diſſoudras & fixeras, autant
de fois ces natures multiplieront en quantité, qualité &
vertu ſeló la multiplicatió de dix, de ce nóbre venant à cent,
de cét à mille, de mille à dix mille, de dix mille, à cét mille,
de cent mille à vñ million, & de là par meſme operatió iuſqu'à l'infini, ainſi que i'ay faict trois fois, Loüé ſoit Dieu. Et
quand ton Elixir eſt ainſi conduit à l'infini, vn grain d'iceluy tombant ſur vne quantité metallique fonduë, auſſi profonde & vaſte que l'Ocean, il le teindra & conuertira en
tres-parfaict metal, c'eſt à dire, en argent ou en or, ſelon
qu'il aura eſté imbibé & Fermenté, chaſſant & laiſſant loin

de foy toute la matiere impure & eſtrágere qui s'eſtoit iointe en ſa premiere coagulation. Par meſme raiſon que i'ay
faiƈt peindre vne clef à l'homme qui eſt ſoubs la forme d'vn
Sainƈt Pierre, pour ſignifier que la Pierre demandoit d'e-
ſtré ouuerte & fermée pour multiplier : par meſme raiſon
auſſi, pour te monſtrer auec quel Mercure tu dois faire cela, & quand i'ay donné à l'homme vn veſtement citrin rouge, & à la femme vn orangé. Cela ſuffiſe pour ne ſortir du
ſilence de Pythagoras, & pour t'enſeigner que la femme,
c'eſt à dire, noſtre Pierre, demáde d'auoir la riche parure &
couleur de Sainƈt Pierre. Elle à eſcrit en ſon rouleau *Chri-
ſte precor eſto pius.* Ieſus-Chriſt ſoyez moy doux, comme ſi
elle diſoit. Seigneur ſois moy doux, & ne permets point que
celuy qui ſerà paruenu iuſqu'icy, gaſte tout par trop de feu.
Il eſt bien veritable, que d'oreſnauant ie ne craindray plus
les ennemis, & que tout feu me ſera eſgal, toutesfois le vaiſſeau qui me contient eſt touſiours frangile. Car ſi l'on hauſ-
ſe le feu par trop, il creuera, & s'eſclatant m'emportera &
me ſemera mal'heureuſement parmy les cendres. Prens
donc garde à ton feu en ce pas, regiſſant doucement en patience cette quinteſſence admirable, car il luy faut augmenter ſon feu, mais non par trop. Et prie la ſouueraine bonté,
qu'elle ne permette point, que les malins eſprits qui gardét
les mines & les Treſors, deſtruiſent ton operation, ou faſci-
uent ta veuë quant tu côſideres ces incomprehéſibles mouuemens de cette quinteſſence dans tón Vaiſſeau.

SVR VN CHAMP VIOLET OB-
fcur, vn homme rouge purpurin, tenant le pied d'vn Lyon rouge de Laque, qui à des aifles, & femble rauir & emporter l'homme.
CHAP. IX.

E Chãp violet & obfcur, repreféte que la Pierre a obtenu par l'entiere decoctió, les beaux vefte-mens entierement citrins & rouges, qu'elle de-mandoit à S. Pierre qui en eftoit veftu, & que fa complette & parfaite digeftion (fignifie par l'é-tiere citrinité) luy a fait laiffer fa vieille robbe orangée. La couleur rouge de Laque de ce volant Lyon, féblable à ce pur & clair Efcarlatin du grain de la vrayement rouge Grenade, demontre qu'elle eft maintenant accomplie en toute droi-cture & efgalité. Qu'elle eft comme vn Lyon, deuorant tou-te nature pure metallique, & la changeant en fa vraye fub-ftance, en vray & pur or, plus fin que celuy des meilleures minieres. Auffi elle emporte maintenant l'homme hors de cette valée de miferes, c'eft à dire, hors des incommoditez de la pauureté, & infirmité, & auec fes aifles le foufleue glo-rieufement hors des croupiffantes eaux d'Egypte (qui font les penfées ordinaires des mortels) & luy faifant mefprifer la vie & richeffes prefentes, le faict nuict & iour mediter en Dieu, & fes Sainctz, habiter dans le Ciel Empirée, & boire les douces fources des fontaines de l'efperance eternelle.

Loüé foit Dieu eternellement, qui nous a fait la grace de voir cette belle, & toute parfaicte couleur purpurine, cette belle couleur du Pauot fyluestre du Rocher, cette couleur Tyrienne estincellante & flamboyante, qui est incapable de changement, & d'alteration, fur laquelle le Ciel mesme, & fon Zodiaque ne peut plus auoir domination ny puissance, dont l'esclat rayonnant & esbloüyssant semble comme quasi communiquer à l'homme quelque chose de surceleste, le faisant (quand il la contemple & connoist) estonner, trembler, & fremir en mesme temps. O Seigneur, fay nous la grace que nous en puissions bien vser, à l'augmentation de la Foy, au profit de nostre ame, & accroissement de la gloire de ce noble Royaume. Amen.

F I N.

LE

LE
VRAY LIVRE
DE LA PIERRE PHILOSO
phale du docte SYNESIVS, Abbé
Grec, tiré de la Bibliotheque
de l'Empereur.

Hæc partim, ipse tuo perpendens pectore tecum,
Partim Diuum aliquis, tibi suggeret.
Homerus.

M

LE VRAY LIVRE DV DOCTE ABBE'
GREC SINESIVS TIRE' DE LA BIBLIO-
theque de l'Empereur.

Ombien que les anciens philosophes ayent escript diuersement de cette science, cachant soubz vne infinité
de noms les vrais principes de l'art. Ils ne l'ont toutefois faict sans de grandissimes considerations que
nous representerons cy apres. Et combien qu'ils ayent
parlé fort diuersement, pour cela ils n'ont esté aucunement discor-
dans, mais tendans à vne mesme fin, parlans d'vne mesme chose,
ils ont trouué bon de nommer, sur tout le propre agent, de nom
estrange, & contraire quelquesfois à sa nature & qualitez. Or entends donc, mon fils, que le grand Dieu a creé deux Pierres auec
cete vniuers, qui sont la blanche, & la rouge, lesquelles deux sont
soubz vn mesme suiect, & apres croissent en telle abondance que
chacun en peut prendre tant qu'il veut. Et leur matiere est de telle
sorte, qu'elle tient le milieu entre le metal, & le Mercure, & est
en partie fixe, & en partie non fixe, autrement ne tiendroit point
le milieu entre les metaux, & le Mercure, laquelle matiere est l'instrument qui accomplira nostre desir, si nous la preparons. Et
pource, ceux qui trauaillent en cet art sans iceluy medium, perdent
toute leur peine : mais s'ils connoissent ce medium, toutes choses
leur seront possibles, & propices. Sache que ce medium se trouue
estant aerien auec les corps cœlestes, & seulement en iceluy est le
genre masculin, & feminin à proprement parler, ayant vne vertu ferme, forte & fixe, & permanente, de l'essence duquel (comme
ie te disois) les philosophes ont parlé seulement par similitudes, &
figures. Et cela afin que la science ne fust iamais comprise par les
ignorans, ce qu'aduenant tout periroit. Mais seulement par les
ames patientes, esprits raffinez, sequestrez du bourbier du monde,
& netoyez de l'immundicité du terrestre, fangeux qui est l'anarice,
par laquelle les ignorans sont attachez le nez vers la terre en ce
monde (sans cette admirable quintessence) domicile de toute pauureté: asseurez que ces ames diuines, apres auoir penetré dans le puis
de Democrite, c'est à dire, dans la verité des Natures, connoistront
sans doute la confusion que ce seroit à tous ordres & mestiers si
chacun pouuoit faire de l'or en telle quantité qu'il desireroit. Et

pource ils ont voulu parler par figures, types & analogies, à fin de
n'estre entédus que par les ames sages,& sainctes, & illustrées de Sapience. Si est-ce toutefois qu'en leurs œuures composées, ils ont
donné certain chemin, voye, & regle, par laquelle le sage peut
comprendre tout ce qu'ils ont escript occultement, & à la fin y paruenir apres quelque erreur comme i'ay fait, loué soit Dieu.Et bien
que le vulgaire ignorant deust entendre ces raisons, & par ainsi ve-
nerer ce qui ne peut monter en sa ceruelle , au contraire il a ac-
cusé les philosophes de fausseté,& meschanceté, si bien que l'art en
est quasi par tout en mespris, parce qu'il y a peu de sages. Or moy
ie te dis maintenant , qu'ils ont tousiours parlé suyuant la vraye verité, mais fort couuertement , & quelquefois fabuleusement ce
que ie deffriche clairement en ce petit liure, & de telle façon, que
tout desirant la science,entendra ce qui a esté caché par les philosophes. Toutesfois s'il me pensoit entendre sans connoistre la nature des Elemens & choses creées, & nostre riche metal, il trauailleroit en vain ? Mais s'il connoist les natures fuyantes , & suy-
uantes, par la grace de Dieu il y pourra paruenir. Donc ie prie
Dieu, que celuy qui entendra ce present secret, puisse ouurer à la
gloire & loüange de sa saincté Diuinité. Sache donc, mon cher
fils, que l'ignorant ne sçauroit comprendre le secret de l'art, pour
ce qu'il depend de la connoissance du vray corps qui luy est caché.
Connoy donc, mon fils, les Natures, le pur & l'impur, le munde
& l'immunde:pource que nulle chose ne peut donner ce qu'elle n'a,
Et pour ce que les choses ne sont, & ne se peuuent faire selon leur
nature, vse donc du plus parfaict & prochain membre que tu trouueras,& te suffira.Laisse donc le mixte, & pren son simple. Car il
est de la quintessence.Et note que nous auons deux corps de tres-
grande perfection, remplis de vif argent, donc d'eux tire ton vif
argent,& tu en feras la medecine , appellée d'aucune quintessence,laquelle est vne puissance, imperissable, permanente, & tous-
jours victorieuse;voire c'est vne claire lumiere, qui illustre de vraye
bonté tout ame qui l'a vne fois sauourée, Elle est le nœud & le lien
de tous les Elemens qu'elle contient en soy,& l'esprit qui nourrit
toutes choses, moyennant lequel la nature œuure en l'vniuers. Elle est la force, le commencement, & la fin de toute l'œuure, & à ce
qu'en vne parolle ie te manifeste le tout,sache que la quint'essence & la chose occulte de nostre pierre, n'est autre chose que nostre ame visqueuse, cœleste, & glorieuse, tirée par nostre magistere de sa miniere, laquelle seule l'engendre, & qu'il n'est pas
possible à nous de faire cette eau par art, mais nature est celle seule
qui l'engendre, & cette eau est le Vinaigre tres aigre qui faict l'or
estre pur esprit , voire elle est cette benite Nature, qui engendre
toutes les choses, laquelle auec sa putrefaction est tres-vnie, & auec

sa Viridité fait apparoir plusieurs couleurs. Et ie te dis, mon fils, que tu ne faces compte des autres choses comme vaines, mais seulement de cette eau, qui brusle, blanchit, dissout, & congele, c'est elle qui putrifie & faict germer, Et pource ie t'aduise que toute ton intention soit en la decoction de ton eau, & ne te fasche point de la longueur du temps, autrement n'auras aucun fruict. Cuis le doucement peu à peu iusqu'à ce qu'il change de fauce couleur en parfaicte & prens gardé qu'au commencement tu ne brulle ses fleurs, & sa viuacité, & ne te haste point pour estre tost à la fin. Clos bien ton vaisseau, à fin que celuy qui est dedans ne puisse sortir, & ainsi pourras venir à l'effect. Et note, que dissoudre, calciner, teindre, blanchir, rafraichir, baigner, lauer, coaguler, imbiber, cuire, fixer, broyer, desseicher, & distiller, sont vne mesme chose & ne veulent signifier rien plus que cuire la nature iusqu'à ce qu'elle soit parfaicte. Note encore, que tirer l'ame, ou bien l'esprit, ou le corps, n'est autre chose que les calcinations susdictes, pource qu'elles signifient l'operation de Venus. C'est donc auec le feu de l'extraction de l'ame, que l'esprit sort doux, compren moy. Cela peut estre encore, dit, de l'extraction de l'ame du corps, & vne autrefois reduction sur iceluy composé, iusqu'à ce que le tout soit tiré à la commixtion de tous les quatre elemens. Et ainsi ce qui est dessous, est semblable à ce qui est dessus, & ainsi y sont faits deux luminaires, l'vn fix l'autre non, desquels le fixe demeure dessous, & le volatil dessus, soy mouuant perpetuellement iusqu'à ce que celuy qui est dessous, qui est le masle, monte sur la femelle & tout soit fixe, & lors n'aist vn luminaire nopareil; Et comme au commencement vn seul a esté, semblablement en cette matiere tout viendra d'vn seul & retournera en vn seul, Ce qui s'appelle conuertir les Elemens, & conuertir les Elemens s'appelle, faire l'humide sec, & le fugitif fixe, afin que la chose espoisse se diminué & debilite la chose qui fixe les autres, demeurant le fixatif de la chose, Ainsi se fait la mort & la vie des Elemens, qui composez germent & produisent, ainsi vne chose parfaict l'autre, & luy ayde à combatre contre le feu.

PRACTIQVE.

MOn fils, il est besoin que tu trauailles auec le Mercure des philosophes & des sages, qui n'est pas le vulgaire, ny du vulgaire
en tout, mais selon iceux est la premiere matiere, l'ame du monde,
l'Element froid, l'Eau beniste, l'Eau des sages, l'Eau venimeuse, le
Vinaigre tres fort, l'Eau minerale, l'Eau de cœleste grace, le Laict
virginal, nostre Mercure mineral & corporel. Car iceluy seul parfait
toutes les deux Pierres blanche & rouge. Regarde ce que dit Geber,
Que nostre art ne consiste en la multitude des choses diuerses, pource que le Mercure est vne seule chose c'est, à dire, vne seule Pierre
dans laquelle consiste tout le magistere ; à laquelle tu n'adiousteras
aucune chose estrange, excepté qu'en sa preparation tu osteras d'i-
celle toutes matieres superflues, d'autant qu'en cette matiere toutes
choses necessaires en cet art y sont contenües. Et pource notamment
il dit, Nous n'adiousterons rien d'estrange sinon le Soleil & la Lune
pour la teinture blanche & rouge, qui ne sont estranges, mais sont
son Ferment par lequel se fait l'œuure. Finalement notte mon fils,
que ces Soleils & Lunes ne sont semblables aux Soleils & Lunes
vulgaires, pource que nos Soleils & Lunes sont meilleurs en leur
nature que les Soleils & Lunes vulgaires. Dautant que nostre Soleil & nostre Lune en vn mesme suiect sont vifs, & ceux du vulgaire
sont morts, à comparaison des nostres existans, & permanens en nostre Pierre. En suite dequoy tu remarqueras, que le Mercure tiré de
nos corps est semblable au Mercure aqueux & commun ; & pour ce
la chose se reioüit de son semblable, & à plaisir auec luy, & s'accom-
pagne mieux & volontiers, ainsi que fait le simple & composé, ce
qui a esté caché par les philosophes en leurs liures. Donc tout le benefice qui est en cet art, gist au Mercure, au Soleil & Lune, & tout
le reste est vain. Aussi Diomedes dit, Vse de la matiere à laquelle ne
dois introduire chose estrange, poudre, ny eau, pource que les choses diuerses n'amendent point nostre pierre, & par la il demontre à
qui bien l'entend, que la tainture de nostre Pierre ne se tire que du
Mercure des philosophes, lequel est leur principe, leur racine, & leur
grand arbre duquel sortent puis apres tant de rameaux.

PREMIERE OPERATION,

SVBLIMATION.

ELle n'est point vulgaire, ains philosophale, auec laquelle nous
ostons le surplus d'icelle pierre, qui en effect n'est qu'eleuation
de la partie non fixe par la fumée, & vapeur, car la partie fixe doit
demeurer au fons, aussi nous ne voulons pas que l'vn se separe
de l'autre, mais qu'ils demeurent & se fixent ensemble. Et sache
que celuy qui sublimera comme il faut, nostre Mercure philosophal, dans lequel est toute la vertu de la pierre, il parfaira le magi-
stère. Et pource dit Geber, Toute la perfection consiste en la sublimation, & en cette sublimation sont toutes les autres operations,
sçauoir distillation, assation, destruction, coagulation, putrefaction, calcination, fixation, reduction des teintures blanches &
rouges procréées & engendrées en vn fourneau & vn vaisseau, &
c'est le chemin droict iusque à la finale consommation, dequoy les
philosophes ont fait diuers chapitres pour arrester les ignorans.

Pren donc au nom du grand DIEV, la venerable matiere des
philoso phes, nommée premier Hylec des Sages, lequel contient
le susdict Mercure Philosophal, appellé premiere matiere du corps
parfaict, mets le en son vaisseau comme il faut, clair, lucide, &
rond, bien bouché & clos par le sçeau des sceaux, & le fais à eschauffer dans son lieu bien preparé auec temperée chaleur par vn
mois philosophal continuel, le conseruant en la sueur de la sublimation iusqu'àce qu'il commence à se purifier, s'eschauffer, colorer,
& congeler auec son humidité metallique, & se fixe tant qu'il
ne puisse plus rien monter par la fumeuse substance acrée, mais
qui demeure fixe au fonds, alterée & priuée de toute visqueuse humidité, purifiée & noire qui s'appelle robe noire, tenebres, ou la
teste du Corbeau. Ainsi quand nostre pierre est dans le vaisseau, &
qu'elle monte en fumés, en haut, cette maniere se nomme sublimation, & quand chet du haut en bas distillation, & descension,
quand elle commence à tenir de la fumeuse substance & se putrefier, & que par la frequente montée & descente se commence à coaguler, alors se forme la putrefaction, & le deuorant souffre, & finalement par le deffaut ou priuation de l'humidité de l'eau radicale, se
faict la calcination & fixation en vn mesme temps par la seule decoction en vn seul vaisseau comme i'ay dict desia, & d'auantage en
cette sublimation est faicte la vraye separation des Elemens, pource qu'en nostre sublimation l'elixir d'eau se change en l'Element

terreſtre ſec & chaut, par laquelle choſe eſt manifeſte que la ſepara-
ratiõ des 4. Elemens en noſtre Pierre n'eſt pas vulgaire mais philoſophale, Et pource il y a en noſtre Pierre ſeulement que deux Elemens formez, Sçauoir la terre & l'eau : mais la terre tient en ſon
eſpois la vertu & la ſiccité du feu. Et l'eau contient en ſoy l'air a-
uec ſon humide. Ainſi en noſtre Pierre nous n'auons que deux Elemens en veuë, encor qu'en effect en ayons quatre. Et par là tu peux
iuger que la ſeparation des 4. Elemens eſt toute phiſicale non vulgaire & reelle, comme les ignorans font iournellement. Donc continuë la decoction au feu lent, iuſqu'à ce que toute la matiere noire
apparoiſſant en la ſuperficie, ſoit du tout remiſe par le magiſtere, laquelle noirceur eſt par les philoſophes nommée, Robe tenebreu-
ſe de la Pierre, qui apres demeure claire, & eſt nõmée Eau modifiée
de la terre, ou bié de l'elixir. Et note, que la noirceur qui apparoiſt,
eſt ſigne de la putrefaction. Et le commencement de la diſſolution,
eſt ſigne de la coniunction de deux Natures, & cette noirceur apparoiſt quelque fois en 40. iours, plus ou moins, ſelon la quantité,
de la matiere, & la bóne induſtrie de l'ouurier qui ayde de beaucoup
à la ſeparation de ladicte noirceur. Or mon fils, par la grace de
Dieu tu as doreſn auant vn Element de noſtre Pierre qui eſt la terre noire, la reſte de Corbeau des autres dicte L'ombre obſcure, ſur laquelle terre comme ſur vn tronc tout le reſte à fondement. Et
cette Element terreſtre & ſec, eſt nommé Laton, Taureau, Feces
noires, noſtre Metal, noſtre Mercure. Et ainſi par la priuation de
l'humidité aduſtiue qui eſt oſtée par la ſublimation Philoſophique
le volatil eſt fix, & le mol eſt faict ſec & terre, voire ſelon Geber,
eſt faite mutation de la complexion comme de la Nature froide &
humide, en colere ſeiche, & de la liquide en l'eſpeſſe ſelon Alphidi-
us. Et ainſi eſt apparente l'intention des philoſophes quand ils
diſét que l'operation de noſtre Pierre, n'eſt que changement de natures & reuolution d'Elemens. Tu vois donc comme par icelle in-
còr poration, l'humide ſe fait ſec, & le volatil fixe, le ſpirituel cor-
pòrel, & le liquide eſpois, l'eau feu, & l'air terre, & ainſi certainement changent leur vraye nature, & tous les 4. Elemens ſe circulent l'vn l'autre.

DE LA SECONDE OPERATION.

DEALBATION.

Elle conuertit noſtre Mercure en Pierre blanche, & ce par ſeule decoction. Apres que la terre ſera ſeparée de ſon eau, alors ſe doit mettre le vaiſſeau ſur les Cendres, comme on vſe au fourneau de diſtillation, & diſtiller l'eau à feu lent au commencement, de maniere que l'eau vienne ſi doucement que tu puiſſes diſtinctement nombrer iuſques à quarante noms, ou bien dire cinquante ſix paroles, & ſoit obſerué cet ordre par toute la diſtillation de toute la terre noire, & ce qui ſe trouue au fonds du vaiſſeau, qui eſt la fece reſtée auec la nouuelle eau, alors ſe diſſoudra, laquelle eau contiendra trois ou quatre parts dauantage qu'icelles feces, afin que tout ſe diſſolue & conuertiſſe en Mercure & argent vif : Ie te dis que tu feras tant de fois cecy, qu'il n'en reſte que le marc. En cette diſtillation n'y a point de temps determiné, mais ſe faict ſelon la grande ou petite quantité de l'eau, obſeruant touſiours la quantité du feu. Apres tu prendras la terre que tu auras reſeruée en ſon vaiſſeau de verre auec ſon eau diſtillée, & ainſi auec feu lent & doux, comme eſtoit celuy de la diſtillation, ou purification, ou bien vn peu plus fort, tu continueras, iuſques à ce que la terre ſoit ſeiche & blanche, & ait beu toute ſon eau en ſe ſeichant. Cela faict, luy mettras de l'eau ſuſdicte, & ainſi comme au commencement côtinueras touſiours ta decoction, iuſques à ce qu'icelle terre ſoit entierement blanche, môdée, & claire, & ait beu tout ſon eau. Et note que la dicte terre ſera ainſi lauée de ſa noirceur par ſa decoction, comme ie t'ay dit, pource qu'aiſément elle ſe purifie auec ſon eau & ſe mundifie, qui eſt la fin du magiſtere, & alors garderas icelle terre blanche diligemment, Car elle eſt Mercure blanc, magneſie blanche, terre feullée. Apres tu prendras cette terre blanche rectifiée comme deſſus, & la mettras en ſon vaiſſeau ſur les cendres au feu de ſublimation, à laquelle donneras fort feu, iuſques à ce que toute l'eau coagulée qui ſera dedans, vienne en l'Alambic, & que la terre demeure au fonds bien calcinée : alors tu auras la terre, l'eau, & l'air, & bien que la terre contienne en ſoy la nature du feu, neantmoins il n'eſt point encore apparét en effect, comme tu verras, quand par plus grande decoction la feras deuenir rouge, tellement que lors tu veras manifeſtement le feu en apparence, & ainſi on doit proceder à la Fermentation de la terre
blanche,

blâche, afin que le corps mort s'anime, & soit viuifié, & que sa vertu se multiplie en infiny. Mais notez que le Ferment ne peut entrer dâs le corps mort, que moyennât l'eau qui à faict le mariage & coionction entre le Ferment & la terre blanche. Et sçache qu'en tout Ferment on doit obseruer le poids, afin que la quâtité du volatil ne surmôte le fixe, & que le mariage ne s'en aille en fumée: Car, dit Senior, Si tu ne conuertis la terre en eau, & l'eau en feu, l'esprit & le corps ne se conioindront point ensemble. Et pour ce faire, pré vne lamine enflammée, & mets dessus vne goutte de nostre medecine, elle penetrera, & se colorera de parfaicte couleur, & sera signe de perfection. Et s'il aduient qu'il ne teigne, reitere la dissolution & coagulation, insques à ce que soit teignante & penetrante. Et notte, que sept imbibitions sont suffisantes au plus, & cinq au moins, à ce que la matiere se liquifie, & soit sans fumée, & alors est parfaicte la matiere au blanc. D'autant que la matiere se fixe quelque fois en plus long-temps, & quelque fois en moindre, selon la quantité de la Medecine. Et notte que nostre Medecine, depuis la creation de nostre Mercure, demande le terme de sept mois iusques à la blancheur, & iusqu'à la rouge cinq, que font douze.

DE LA TROISIESME OPERATION.

RVBIFICATION.

PRens de la Medecine blanche tant que voudras, & la mets auec son verre, sur les cendres chaudes, tant qu'elle soit desseichée comme icelles. Apres donr, e-luy de l'eau du Soleil, qu'auras gardée à part pour la dicte besoigne, & continuë le feu du second degré, iusques à ce que deuienne seiche, puis luy redonne de l'eau susdicte, & ainsi successiuement imbibe & desseiche, iusques à ce que la matiere se rubifie, & liquefie comme cire, & coure sur la lamine rouge, comme est dit, & alors sera la matiere parfaicte au rouge. Mais note, qu'à toutes les fois tu ne dois mettre dauantage de l'eau Solaire que ce qu'il en faut pour couurir le corps, & non plus, & cecy se faict à ce que l'Elixir ne se submerge, & se noye, & ainsi se doit continuer le feu iusques à la desiccation, & alors se doit faire la seconde imbibition, & ainsi procede par ordre iusques à la perfection de la Medecine, sçauoir iusques à ce que la puissance de la digestion du feu la conuertisse en pouldre tres rouge, qui est le vray Huyle des Pïilosophes, la Pierre sanguinaire, le Pourprin Coral rouge, le Rubis pretieux, le Mercure rouge, & la Teincture rouge.

PROIECTION.

TAnt plus tu diffoudras & coaguleras, tant plus multipliera fa vertu iufqu'à l'infiny. Mais note, que la Medecine fe multiplie plus tard par folution, que par Fermentation Parquoy la chofe foluë n'opere pas bien, fi premier elle ne fe fixe en ton Ferment. Neantmoins plus abonde la multiplication de la Medecine foluë, que Fermentée, d'autant qu'il y a plus de fubtilization. Encore ie t'aduife qu'en la multiplication tu mettes vne part de l'œuure fur quatre de l'autre, & en peu de temps fe fera poudre, felon le Ferment.

EPILOGVE SVIVANT HERMES.

AInfi tu fepareras la terre du feu, le gros du fubtil, doucement auec grand efprit, c'eft à dire, que tu fepareras les parties vnies au four, par la diffolution & la feparation des parties, comme la terre du feu, le fubtil de l'efpois, &c. Sçauoir la plus pure fubftance de la Pierre, iufqu'à ce que te demeure nette, fans aucune macule & ordure. Et quand dit, Elle monte de la terre au Ciel, & puis vne autre fois retourne en terre, faut entendre la fublimation des corps. Encore pour bien expliquer la diftillation, il dit, Que le vent le porte dans fon ventre, Sçauoir quand l'eau diftille par l'Alambic, où il monte premierement par le vent fumeux & vaporeux, & apres retourne au fonds du vaiffeau encore en eau ; Voulant encore monftrer la congelation de la matiere, il dit, Sa force eft entiere fi elle retourne en terre, c'eft à dire, fi elle eft conuertie par decoction ; Et pour generalement demonftrer toutes les chofes fufdictes, il dit, Et receura la force inferieure & fuperieure, c'eft à dire, des Elemens, d'autant que fi la Medecine reçoit la force des parties legeres, fçauoir de l'air & feu, elle receura auffi les parties plus graues & pefantes, fe changent en eau & en terre, & c'eft afin que les matieres ainfi perpetuellement conioinctes ayent permanence, demeurance, fermeté, & ftabilité. Loüé foit DIEV.

FIN.

Acheué d'imprimer aux frais & deffens du Sieur Traducteur, ce 6. Auril. 1659.

TRAITÉ DU MERCURE

ET

DE LA PIERRE DES PHILOSOPHES
DE GEORGES RIPLE'E.

MON tres-cher fils, je vous instruiray en cette benîte science qui a esté cachée par les anciens Philosophes, ausquels Dieu a bien daigné accorder une faveur si grande en consideration de leurs bonnes œuvres, & en vertu de leurs prieres ; & au nom duquel aprés luy avoir adressé plusieurs fois les nostres, nous allons commencer de vous reveler un secret si important. Concevez donc que nostre matiere est le premier Estre de toutes les choses qui sont en terre, & qu'elle est estimée de vil prix & de tres-peu de consequence, comme vous le connoistrez plus clairement par la suite ; car si l'eau s'incorpore avec la terre, elle sera la moins estimée de toutes les autres choses que nous voyons, mais si elle est fixée avec le feu, elle montera au suprême degré de la Nature ;& par ce moyen vous pouvez connoistre la maniere par laquelle l'eau devient le plus considerable & le plus vil de tous les Estres créez ; d'autant que c'est une maxime tres-constante, comme nous avons dit cy-dessus, qu'elle est de tres-vil prix, parce que nostre terre contient en elle ladite eau, & que dans cette terre sale & puante, vous trouverez une eau pure & claire, qui est nostre Sperme & nostre Quintessence, laquelle terre sale & puante pour lors ne peut estre d'aucun usage & ne vaut en quoy que ce soit. Quant à ce que j'ay dit que l'eau estoit le premier des Estres, nous le pouvons prouver en diverses manieres. Concevez, mon fils, que sans eau nous ne pouvons faire de pain ny autre chose quelconque que Dieu ait creé dans la Nature. De là vous comprendrez aisément que l'eau est la premiere matiere de toutes les choses qui naissent ou qui s'engendrent dans le monde. Et vous connoistrez asseurément que rien ne croist ou s'augmente sans le secours des quatre Elemens. Et par consequent tout ce qui est elementé, doit avoir esté fait par la vertu des quatre Elemens, en la mesme maniere que l'origine de toutes choses naissantes ou croissantes se fait par le moyen de l'eau. Cependant ne croyez pas que cela s'entende de l'eau commune, mais de cette eau qui est la matiere de toutes les choses naturelles, & de laquelle chacune d'icelles est produite en son genre, & par consequent comprenez que l'air s'engendre premierement de l'eau, le feu de l'air, & la terre du feu. Maintenant pour vous parler plus familierement & en amy, & passant encore plus outre, je vous declareray peu à peu ce magistere des Sages, de peur que par nostre precipitation il ne nous arrive ce que porte le commun Proverbe ; *Que celuy qui va trop vîte, souvent arrive trop tard à la maison.* C'eſt pourquoy pour ſatisfaire à voſtre deſir, je parleray maintenant de la premiere matiere que les Philoſophes appellent Quinteſſence, & à laquelle ils donnent beaucoup d'autres noms pour la mieux cacher, parce qu'il eſt tres-certain que les quatre Elemens ſe rencontrent en elle dans leur plus grande exaltation. De là vous devez comprendre que ſi vous voulez avoir la Quinteſſence de l'homme, il eſt premierement neceſſaire que vous ayez l'homme, & de cette matiere vous n'aurez rien autre choſe. Prenez garde de bien obſerver cette verité. Car je vous dis que ſi vous deſirez avoir la Pierre des Philoſophes, il faut que vous ayez auparavant la Quinteſſence de la Pierre minerale, vegetable ou animale. Aſſemblez donc chaque eſpece & chaque genre avec ſon ſemblable, en ſorte que l'un ne ſoit pas ſans l'autre, & qu'il n'y ait rien contraire aux eſpeces, ou impropre au genre. Prenez donc garde de vous ſervir de choſes eſtrangeres & éloignées ; car des os, il ne ſe fait point de pierres, de meſme que des Gruës il ne s'engendre point des Oyes. Certainement ſi vous conſiderez cecy, vous en recevrez un fruit conſiderable par la grace de Dieu, au moyen de laquelle nous paſſerons encore plus outre pour vous parler de cette eau benîte, que l'on appelle eau du Soleil & de la Lune, laquelle eau eſt cachée dans le profond de noſtre terre, touchant laquelle terre vous devez remarquer que tout ce qui s'engendre a neceſſairement beſoin d'un maſle & d'une femelle pour recevoir l'eſtre deſquels l'agent & le patient ſont produits, & ſans le ſecours deſquels il ne ſe peut jamais faire aucune generation. D'où s'enſuit que vous ne pouvez pretendre aucun fruit des choſes dont les genres ſont differens. Toutefois ſi vous avez cette eau du Soleil & de la Lune, elle convertira en elle les autres corps & leurs humiditez naturelles par l'entremiſe de la chaleur du Soleil & de la Lune, & les rendra parfaits comme eux, ainſi qu'un enfant dans le ventre de ſa mere par le moyen de la ſuite d'une chaleur temperée convertit les menſtruës en ſa nature & en ſon genre, c'eſt à dire en chair, en ſang, en os & vie, avec toutes les autres proprietez d'un corps vivant, dont il n'eſt pas à propos d'en dire preſentement davantage. Et par ainſi vous comprendrez que noſtre eau ſe convertira en un genre parfait avec les choſes de ſon genre ; car elle ſe congelera premierement en une ſubſtance huileuſe, laquelle par le moyen d'une chaleur temperée ſe convertira enſuite en gomme, qui pareillement par le moyen d'une parfaite chaleur du Soleil ſe tournera enfin en pierre. C'eſt pourquoy comprenez maintenant que d'une ſeule choſe, vous en avez trois, je veux dire, une huile, une gomme & une pierre. Apprenez auſſi que quand l'eau eſt tournée en huile, vous avez alors un eſprit parfait ; mais lorſque l'huile s'eſt convertie en une gomme dure, vous avez alors une ame & un eſprit parfaits. Et quand cet eſprit parfait & cette ame ſe ſont tournez en pierre, alors vous avez un corps parfait, enſemble une ame & un eſprit : C'eſt ce que les Philoſophes appellent

leur Pierre, leur Elixir & la parfaite Medecine du corps humain, pour-
vû qu'elle soit fermentée avec son genre & sa Quintessence. Sçachez,
mon fils, qu'il y a diverses quintessences, dont l'une sert pour les corps
humains, & l'autre à l'Elixir, pour la conversion des corps imparfaits
des metaux. Car vous devez remarquer que la generation & l'augmentation des metaux, n'est pas semblable à l'accroissement du corps humain,
parce que chaque genre convient à son genre, & chaque espece à son
espece. Remarquez encore, que la premiere matiere de l'homme, par
laquelle s'engendrent la chair, le sang, les os & la vie, est l'humeur
spermatique qui est la cause de la generation, au moyen de l'esprit vital
qui s'y trouve renfermé. Et lorsque la matiere s'engendre & se congele
en corps, tirez-en la quintessence d'iceluy, avec laquelle vous nourrirez ce corps. Toutefois, mon fils, pour vous dire quelque chose de
plus, remarquez que l'eau ou la matiere, ou bien le sperme dont l'homme est engendré n'est pas ce qui fait l'accroissement du corps, parce que
s'il est bien nourry de son aliment naturel, alors la premiere matiere
s'en augmentera, aussi bien que le corps mesme ; sçavoir la premiere
matiere en qualité, & le corps en quantité. La premiere matiere est celle qu'on appelle Quintessence : mais cependant apprenez que la Quintessence est une chose, & que la matiere de l'accroissement en est une autre, & que l'augment des metaux (comme je l'ay déja dit cy-dessus)
n'est pas de mesme que l'accroissement du corps humain. Quoy que la
Quintessence qui cause l'augment des metaux puisse devenir une medecine propre & salutaire pour les corps humains, en la mesme maniere
que la Quintessence qui fait l'accroissement du corps humain, peut aussi
devenir une Medecine utile au corps des metaux, & partant, ainsi qu'il a
esté dit, la Quintessence est une chose, & l'augmentation en est une autre.
Vous voyez donc pour quelle raison nostre eau est appellée la premiere
matiere & le sperme des metaux, puisque c'est d'elle que tous les metaux sont engendrez, & par consequent vous avez besoin d'elle au commencement, au milieu & à la fin de vostre operation, puisqu'elle est la
cause de toute generation, veu que par sa congelation elle se convertit
en toute sorte d'especes de metaux, c'est à dire, en la premiere matiere
de leurs especes ; c'est pourquoy on l'appelle le sperme des metaux, &
l'eau de vie metallique, d'autant qu'elle donne la santé & la vie aux
metaux malades & à ceux qui sont morts, & qu'elle marie l'homme
rouge avec la femme blanche, je veux dire le Soleil & la Lune. On
l'appelle encore lait virginal, car jusqu'à ce qu'elle soit unie avec le Soleil & la Lune, ou avec quelqu'autre corps que ce soit, excepté seulement à ceux qui sont de son genre, elle peut estre toûjours appellée
Vierge ; mais aussi-tost qu'elle est jointe avec le masle & la femelle, &
qu'ils font une espece de mariage ensemble, au mesme temps elle cesse
d'estre vierge, parce qu'elle adhere à eux, & qu'elle devient une &
mesme chose avec le Soleil & la Lune, qu'elle conjoint ensemble, &
ausquels elle s'unit pour leur generation. Mais autant de temps qu'elle

demeurera vierge, on l'appellera lait virginal, eau benite, eau de vie, & de plusieurs autres noms encore.

Maintenant, mon fils, pour vous dire quelque chose du Mercure des Philosophes, apprenez que quand vous aurez mis vostre eau de vie avec l'homme rouge (qui est nostre Magnesie) & avec la femme blanche, qu'on appelle Albifique, & qu'ils seront tous conjoints ensemble, en sorte qu'ils ne fassent qu'un mesme corps, asseurément c'est alors que vous avez le Mercure des Philosophes. Car après qu'il est joint en cette maniere avec le masle & la femelle, on nomme cette eau non seulement le Mercure des Philosophes, mais leur eau de vie, le sang de l'homme rouge, sa chair, son corps & ses os. Concevez donc qu'il y a plusieurs sortes de laict, sçavoir lait de vierge, laict de femme, & aussi le laict d'homme, lesquels aussi-tost qu'ils sont alliez ensemble, & que la femme sera devenuë grosse par la conception, c'est pour lors que cet enfant se doit nourrir de laict. Ainsi il est aisé de concevoir que ce laict n'est pas un laict de vierge, mais plutost c'est le laict de l'homme & de la femme, avec lequel l'enfant se doit toûjours nourrir jusqu'à ce qu'il soit devenu plus robuste, auquel temps il luy faut continuer une plus forte & plus ample nourriture. La nourriture que j'entens, c'est la fermentation qui luy donne sa forme, en vertu de laquelle il puisse esperer un œuvre viril. Car jusqu'à ce que l'enfant, c'est à dire, nostre pierre, ait tout à fait receu sa forme, & qu'elle ait esté fermentée avec son semblable, ce qui s'entend, avec le sang blanc du Dragon vert, & le sang rouge du Dragon rouge, soit que la Pierre soit blanche, soit aussi qu'elle soit rouge, elle ne pourra jamais faire un ouvrage parfait. Concevez donc, mon fils, que la premiere eau est cette eau & ce laict que Dieu a formé de la Nature, & qu'elle est veritablement cause de generation, comme nous l'avons remarqué cy-dessus. Pour lors, après la conjonction qui se fait de ce mariage, ils engendrent l'eau de vie & le laict des Philosophes, avec lequel ou avec lesquels vous augmenterez & nourrirez sans cesse vostre Pierre.

Je pourrois vous en dire beaucoup davantage sur cette premiere matiere, mais ce que je vous en ay dit, est suffisant, pour éviter toute sorte d'obscuritez en mes paroles ; venons enfin, avec l'aide de Dieu, à la pratique de cette Pierre des Philosophes. Remarquez donc, mon fils, de mettre exactement ces trois matieres (qui ne sont pourtant qu'une mesme chose) dans un vaisseau de verre, & que vous les y laissiez doucement putrefier ; Mettez enfin l'alambic sur vostre vaisseau, & tirez en toute l'eau que vous en pourrez distiller. Laquelle distillation vous ferez au Bain-Marie, mettant ensuite vostre vaisseau sur le feu de cendres, y faisant un feu lent pendant douze heures : pour lors retirez vostre matiere du vase, & la broyez seule, sans y mesler de l'eau que vous en aurez tirée par distillation. Ensuite estant bien broyée, remettez-là dans le vase, y versant par dessus l'eau distillée, & après l'avoir bien bouché, mettez-le dans le bain pendant trois jours, puis la distillez au mesme

Bain , comme vous avez cy-devant fait , alors elle fera beaucoup plus noire qu'auparavant. Ce que vous reïtererez par trois fois , & ne la broyant plus enfuite , vous y verferez toûjours par deffus l'eau que vous en diftillerez ; & à chaque diftillation , vous y donnerez un feu convenable pendant fix heures ou davantage , jufques à ce qu'elle devienne mediocrement feche. Alors mettez-y derechef voftre eau , & la diffolvez encore au bain avec la chappe aveugle : Et à toutes les diftillations que vous en ferez , vous en devez feparer le flegme , c'eft à dire , rejettant au commencement les fix ou fept premieres gouttes d'eau de chaque diftillation. Obfervant cet ordre , vous ferez en forte qu'elle boive de fa propre eau , fept fois autant qu'elle pefoit au commencement. Alors elle fera d'une couleur blanche , & d'autant plus blanche qu'elle aura bû davantage de fa propre eau. Et c'eft ce qu'on appelle l'Elixir blanc.

Outre que noftre eau s'appelle Homogene , & de plufieurs autres noms , remarquez encor que cette eau & cette premiere matiere engendrent tant la Pierre rouge que la blanche. Apprenez auffi que quand cette premiere matiere eft pouffée jufques à une parfaite blancheur , alors la fin de l'un eft le commencement de l'autre ; c'eft à dire , de la Pierre rouge , qui eft noftre Magnefie rouge , & le cuivre vierge , comme nous l'avons marqué au commencement. Faites en forte , mon fils , de bien comprendre le fens de ces paroles. Noftre cuivre vierge eft noftre or ; je ne dis pas neanmoins que tout cuivre foit or. Pareillement , noftre cuivre eft noftre foufre-vif : mais tout foufre-vif n'eft pas le noftre. De mefme l'Argent-vif , c'eft noftre Mercure ; je ne dis pas pourtant que l'argent-vif vulgaire , foit noftre argent-vif : mais comme j'ay dit cy-deffus , cette eau de vie , qui eft noftre Sperme & noftre premiere matiere , eft noftre Mercure & noftre efprit de vie , lequel fe tire de cette benite terre d'Ethiopie , qu'on appelle Magnefie , & à laquelle on donne encore beaucoup d'autres noms.

Au refte , remarquez mon fils , qu'il n'y a point de parfaite generation fans corruption , car la corruption caufe la pureté , & la pureté la generation. Confiderez donc que noftre venin teingeant , donne teinture & la reçoit pareillement fans ceffe , & c'eft ce que nous appellons noftre corps , noftre ame & noftre efprit ; & lors qu'ils font joints & unis enfemble , ils ne deviennent qu'une feule & mefme chofe , hors laquelle il n'y a & n'y aura jamais rien. C'eft pourquoy nous tenons que celuy-là ne doit pas paffer entierement pour fage qui croit qu'il fe puiffe trouver une autre Medecine tranfmuable en Sol ou Lune. Laquelle Medecine à la verité ne vous fera pas d'une grande utilité , fi elle n'eft meflée avec le corps , car alors elle perfectionnera fon ouvrage fuivant la forme à laquelle elle eft née ; car elle n'a jamais reçeu l'eftre que pour devenir corporelle. De plus , fçachez qu'il y a autant de difference entre la premiere matiere (que l'on appelle Sperme des metaux) & la Medecine , qu'il y en a entre ladite Medecine & l'or. Car le Sperme ne fera jamais Medecine fans corps, ny la Medecine metail fans fe corporifier. Il y a encore beaucoup de difference entre l'Elixir & la Medecine, de mefme qu'entre le Sperme de l'homme & de la femme, avec l'enfant qui s'engendre d'eux dans la matrice. Vous voyez maintenant que le Sperme est une chofe & l'enfant un autre, quoy qu'ils proviennent tous deux d'une mefme racine & d'un mefme genre, & qu'ils foient une feule chofe, une feule operation, & enfin un feul vaiffeau, bien qu'on luy donne divers noms. Eftant veritable que l'enfant naift de l'homme & de la femme, quoy que l'homme foit une chofe & la femme une autre, encore bien que tous ne foient que d'un mefme genre. C'eft auffi ce que vous devez entendre en la compofition de noftre Pierre. Quant à ce que j'ay dit cy-deffus, que la corruption eft caufe de la generation, c'eft une verité; car vous devez fçavoir que toute chofe en fa premiere matiere eft corrompuë & amere, & que cette amertume &, cette corruption s'appelle un venin teingeant, qui donne pourtant la vie à toutes les chofes vivantes. Ce que vous connoiftrez clairement, fi avec jufte raifon vous examinez les natures des chofes. Et faites, mon fils, une ferieufe reflexion, que quand Lucifer, cét Ange de fuperbe, fe revolta principalement contre Dieu, & qu'il eût tranfgreffé le commandement du Tres-haut, ce coup luy devint fâcheux, tresdur & amer, ne plus ne moins que la chûte & l'infidelité de nos premiers Peres Adam & Eve, qui fut bien-toft punie de la mort qui s'en enfuivit, laquelle leur caufa une corruption & une amertume infupportable, auffi bien qu'à nous, en qui cette mefme corruption s'eft eftenduë. Je pourrois vous rapporter beaucoup d'autres femblables exemples, s'il en eftoit befoin : Mais les paffant fous filence pour parler de ce qui fait plus à noftre propos, remarquez avec foin que de tous les fruits precieux qui naiffent de la terre, leur premiere matiere eft amere & afpre, en forte qu'elle retient encore quelque marque de cette premiere corruption, & precedente pourriture, laquelle amertume neanmoins par le moyen de l'action continuelle d'une chaleur douce & naturelle eft convertie en une extrême douceur. Maintenant, mon fils, fi vous avez de l'entendement, ce que je viens de vous dire en peu de paroles vous doit fuffire, pour pouvoir penetrer plus avant dans les myfteres cachez de la Nature, & concevoir ma penfée. Souvenez-vous donc bien que fuivant le Proverbe ancien, celuy qui n'a pas goufté les chofes ameres, n'a pas merité de goûter celles qui font douces & agreables.

Pour vous dire maintenant quelque chofe de plus touchant noftre Airain, fçachez que le mot d'Airain fignifie une chofe ftable, ou eau permanente : Et ce qu'il faut encore confiderer dans la nature de noftre Airain, font les quatre lettres myfterieufes de fon nom, qu'on appelle B.R.A.S. Lequel mot proprement eft Anglois, & fignifie en noftre Langue, *Airain*. En premier lieu, la lettre B. fignifie le premier corps de noftre œuvre, lequel eft noftre olive douce & amere, & noftre airain permanent en fa forme. Secondement l'R, marque la racine de noftre œuvre & la fource de l'humeur radicale permanente , qui eft noftre teinture & rofe rouge, qui putrifie & purifie toutes chofes pour leur donner l'eftre conformément à leur genre. Enfuite l'A, vous donne à connoiftre noftre pere Adam, le premier des hommes, duquel eft née Eve, la premiere des femmes. D'où vous pouvez apprendre que dans noftre magiftere , il y a pareillement un mafle & une femelle. Remarquez donc que noftre airain eft le commencement de noftre œuvre, noftre or & noftre olive , d'autant qu'il eft la premiere matiere des metaux, de mefme que l'homme eft l'origine de l'homme & de la femme. Enfin l'S, fignifie l'ame de noftre vie, je veux dire cet efprit de vie que Dieu infpira dans Adam, & dans toutes les autres creatures, lequel eft appellé Quinteffence.

Davantage, je vous dis, mon fils, que par ces quatre lettres nous entendons les quatre Elemens, fans lefquels rien ne s'engendre dans la Nature. Ces lettres fignifient encore le Soleil & la Lune, qui font la caufe de toutes les chofes vivantes, de leur germe & accroiffement. Et partant dans ce nom compofé de quatre lettres confifte toute noftre operation, parce que dans noftre airain fe trouve le mafle & la femelle, defquels naift celuy que l'on appelle *Engendré.* Remarquez donc bien, mon fils, ce qui eft fignifié par noftre airain doux , que l'on appelle noftre *Sandiver* , ou noftre Sel-nitre , qu'on nomme auffi fang de Dragon, Sol & Lune ; enfin noftre Mercure & noftre eau de vie , & de divers autres noms dont les Philofophes ont parlé obfcurément & fous des Enigmes. Vous devez donc fçavoir que noftre premiere matiere n'eft ny l'or ny l'argent commun , ny de la nature des corrofifs, ny d'aucunes autres chofes eftrangeres defquels fe fervent aujourd'huy ceux qui font dévoyez, & qui ne femblent marcher qu'en tâtonnant dans les tenebres. Donnez-vous de garde enfin de ne vous fervir d'aucune chofe de genre different , parce que vous devez eftre affeuré que l'on ne peut recueillir que ce que l'on aura femé. Au'refte, concevez que quand noftre Pierre eft parfaite & achevée dans fon propre genre, elle fera pour lors une pierre dure qui ne fe diffout pas facilement. Toutefois fi vous y joignez fa femelle , elle fe tournera en huile, qu'on appelle l'huile des Philofophes, l'huile incombuftible, & de plufieurs autres noms.

Sçachez auffi qu'il y a diverfe forte de fermentations , les unes corporelles, les autres fpirituelles. Les corporelles en quantité, & les fpirituelles en qualité. La fermentation corporelle augmente le poids & la quantité de la Medecine ; toutefois elle n'a pas tant de force que la Medecine mefme , ou que la fermentation fpirituelle , car elle augmente la Medecine feulement en quantité, & non en vertu : mais la fermentation fpirituelle l'augmente en l'une & l'autre maniere, en forte que là où la corporelle a pouvoir fur cent, la fpirituelle a puiffance fur mille. Outre que toutes les fois qu'elle eft fermentée par des qua-

litez fpirituelles , elle retient toûjours le mefme nom de Medecine;
mais lors qu'elle eft fermentée avec une fubftance corporelle, on la
nomme Elixir. Il y a donc diverfes façons de fermenter, ce mefme
qu'il y a de la difference entre la Medecine & l'Elixir ; car l'un eft fpirituel, & l'autre eft corporelle. Apprenez auffi que pendant que le ferment
fera fpirituel , il fera toûjours en gomme & huile liquide , qu'on ne
peut aifément tranfporter d'un lieu en un autre : mais lorfque voftre
Pierre fera en poudre, ce fera une Pierre que vous pourrez porter par
tout dans voftre bourfe. Par confequent vous voyez maintenant la
difference qu'il y a entre la Medecine & l'Elixir. Il n'y en a pas moins
entre l'Elixir, l'or & l'argent ; d'autant que l'or & l'argent font de
difficile fufion, au contraire de l'Elixir, qui fe fond en mefme temps
& facilement à la flamme d'une chandelle. D'où vous ne connoiftrez
que trop combien il y a de difference de noftre compofition, au tem-
perament d'icelle.

Enfin pour dire quelque chofe du boire & du manger qui leur fert
de nourriture , concevez que leur viande fe prend des Pierres aërien-
nes , & que leur breuvage fe tire de deux corps parfaits , qui font le
Soleil & la Lune. La boiffon qui fe tire du Sol s'appelle Or potable ;
celle qui fe tire de la Lune fe nomme le lait de la Vierge.

Maintenant, mon fils, nous vous avons parlé affez clairement fi la
grace divine ne vous manque point ; car la boiffon qui fe tire du
Sol eft rouge, & celle qui fe tire de la Lune eft blanche, & partant
l'un s'appelle Or potable, & l'autre Lait Virginal ; l'un auffi eft mafle
& l'autre eft femelle, quoy que l'un & l'autre prenne fon origine d'u-
ne mefme fource & d'un mefme genre. Penfez donc aux paroles que je
viens de vous dire , autrement fi vous vous égarez dans les tenebres,
il ne fe peut qu'il ne vous en arrive du mal faute d'intelligence.
Faites en forte que vous foyez diligent à la circulation de la roüe Philofophique, c'eft à dire, afin que vous fçachiez tirer l'eau de la terre,
l'air de l'eau, le feu de l'air, & la terre du feu, & que toutes ces
chofes enfin foient extraites d'une mefme tige & racine, c'eft à dire,
de leur propre genre ; & que vous les nourriffiez de leur propre
viande & nourriture naturelle, dont leur vie puiffe eftre entretenuë
fans ceffe. Quiconque donc a de l'entendement, comprenne ce que
j'ay dit, ne m'eftant pas permis d'en dire davantage ; Et toy, mon
fils, fi tu as bien entendu & compris ce que j'ay reprefenté cy-deffus,
je ne doute point que tu ne cache avec foin des fecrets fi grands & fi
confiderables.

FIN.